CONTEÚDO DIGITAL PARA ALUNOS

Cadastre-se e transforme seus estudos em uma experiência única de aprendizado:

1 Escaneie o QR Code para acessar a página de cadastro.

2 Complete-a com seus dados pessoais e as informações de sua escola.

3 Adicione ao cadastro o código do aluno, que garante a exclusividade de acesso.

2152538A4182703

CB037216

Agora, acesse:
www.editoradobrasil.com.br/leb
e aprenda de forma inovadora e diferente! :D

Lembre-se de que esse código, pessoal e intransferível, é valido por um ano. Guarde-o com cuidado, pois é a única maneira de você utilizar os conteúdos da plataforma.

Editora do Brasil

Mitanga

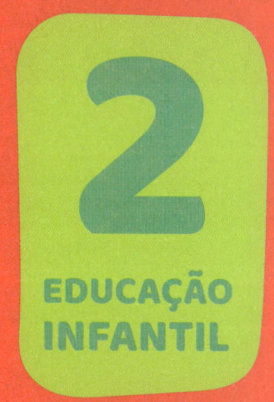

2 EDUCAÇÃO INFANTIL

LINGUAGEM

JOSIANE SANSON
MEIRY MOSTACHIO

MITANGA PALAVRA DE ORIGEM TUPI QUE SIGNIFICA "CRIANÇA" OU "CRIANÇA PEQUENA".

Editora do Brasil

1ª EDIÇÃO
SÃO PAULO, 2020

Dados Internacionais de Catalogação na Publicação (CIP)
(Câmara Brasileira do Livro, SP, Brasil)

Sanson, Josiane
  Mitanga linguagem : educação infantil 2 / Josiane Sanson, Meiry Mostachio. -- São Paulo : Editora do Brasil, 2020. -- (Mitanga)

  ISBN 978-85-10-08128-3 (aluno)
  ISBN 978-85-10-08129-0 (professor)

  1. Linguagem (Educação infantil) I. Mostachio, Meiry. II. Título. III. Série.

20-34999   CDD-372.21

Índices para catálogo sistemático:
1. Linguagem : Educação infantil 372.21
Cibele Maria Dias - Bibliotecária - CRB-8/9427

© Editora do Brasil S.A., 2020
Todos os direitos reservados

Direção-geral: Vicente Tortamano Avanso

Direção editorial: Felipe Ramos Poletti
Gerência editorial: Erika Caldin
Supervisão de arte: Andrea Melo
Supervisão de editoração: Abdonildo José de Lima Santos
Supervisão de revisão: Dora Helena Feres
Supervisão de iconografia: Léo Burgos
Supervisão de digital: Ethel Shuña Queiroz
Supervisão de controle de processos editoriais: Roseli Said
Supervisão de direitos autorais: Marilisa Bertolone Mendes

Supervisão editorial: Carla Felix Lopes
Edição: Jamila Nascimento e Monika Kratzer
Assistência editorial: Beatriz Pineiro Villanueva
Auxílio editorial: Marcos Vasconcelos
Copidesque: Giselia Costa, Ricardo Liberal e Sylmara Beletti
Revisão: Alexandra Resende, Andreia Andrade, Fernanda Sanchez, Flávia Gonçalves, Gabriel Ornelas, Mariana Paixão, Martin Gonçalves e Rosani Andreani
Pesquisa iconográfica: Isabela Meneses
Assistência de arte: Josiane Batista
Design gráfico: Cris Viana/Estúdio Chaleira

Capa: Obá Editorial
Edição de arte: Paula Coelho
Imagem de capa: Luna Vicente
Ilustrações: Bianca Pinheiro, Bruna Ishihara, Cibele Queiroz, Claudia Marianno, Dawidson França, Eduardo Belmiro, Estúdio Kiwi, Fernanda Monteiro, Henrique Brum, Luiz Lentini, Marco Cortez, Marcos de Mello, Marcos Machado e Rodrigo Arraya.
Editoração eletrônica: NPublic/Formato Editoração
Licenciamentos de textos: Cinthya Utiyama, Jennifer Xavier, Paula Harue Tozaki e Renata Garbellini
Controle de processos editoriais: Bruna Alves, Carlos Nunes, Terezinha Oliveira e Valéria Alves

1ª edição / 1ª impressão, 2020
Impresso na Ricargraf Gráfica e Editora Ltda.

Editora do Brasil
Rua Conselheiro Nébias, 887
São Paulo, SP – CEP 01203-001
Fone: +55 11 3226-0211
www.editoradobrasil.com.br

abdr
ASSOCIAÇÃO BRASILEIRA DOS DIREITOS REPROGRÁFICOS
Respeite o direito autoral

APRESENTAÇÃO

A VOCÊ, CRIANÇA!

Preparamos esta nova edição da coleção com muito carinho para você, criança curiosa e que adora fazer novas descobertas! Com ela, você vai investigar, interagir, brincar, aprender, ensinar, escrever, pintar, desenhar e compartilhar experiências e vivências.

Você é nosso personagem principal! Com esta nova coleção, você vai participar de diferentes situações, refletir sobre diversos assuntos, propor soluções, emitir opiniões e, assim, aprender muito mais de um jeito dinâmico e vivo.

Esperamos que as atividades propostas em cada página possibilitem a você muita descoberta e diversão, inventando novos modos de imaginar, criar e brincar, pois acreditamos que a transformação do futuro está em suas mãos.

A boa infância tem hora para começar, mas não para acabar. O que se aprende nela se leva para a vida toda.

As autoras.

CURRÍCULO DAS AUTORAS

JOSIANE MARIA DE SOUZA SANSON

▼ Formada em Pedagogia
▼ Especialista em Educação Infantil
▼ Pós-graduada em Práticas Interdisciplinares na Escola e no Magistério Superior
▼ Pós-graduada em Administração Escolar
▼ Experiência no magistério desde 1982
▼ Professora das redes municipal e particular de ensino
▼ Autora de livros didáticos de Educação Infantil

ROSIMEIRY MOSTACHIO

▼ Formada em Pedagogia com habilitação em Orientação Escolar
▼ Pós-graduada em Psicopedagogia
▼ Mestre em Educação
▼ Experiência no magistério desde 1983
▼ Professora das redes estadual e particular de ensino
▼ Ministrante de cursos e palestras para pedagogos e professores
▼ Autora de livros didáticos de Educação Infantil e Ensino Fundamental

SUMÁRIO

UNIDADE 1 – BRINCANDO COM AS PALAVRAS 6

UNIDADE 2 – DE DAR ÁGUA NA BOCA 32

UNIDADE 3 – CIRANDA DA ARTE 58

UNIDADE 4 – HISTÓRIAS QUE QUEREMOS
CONTAR 82

UNIDADE 5 – COMO A NATUREZA DEVE SER 106

UNIDADE 6 – QUE ATIVIDADES VOCÊ
FAZ NO DIA A DIA? 130

TAREFAS PARA CASA 153

ENCARTES 177

UNIDADE 1

BRINCANDO COM AS PALAVRAS

B BOLA

D DADO

- Você gosta de brincar?
- Já brincou de "jogo da memória"?
- Você consegue ler alguma palavra desta página?

Aqui, nós vamos brincar com as palavras.

Destaque da página 177 do encarte as figuras que completam os pares desse "jogo da memória" e cole-as nos lugares correspondentes.

- Você acha importante saber ler?

T
TATU

G
GATO

FERNANDA MONTEIRO

ÁLBUM DO ALFABETO

A	B	C
D	E	F
G	H	I
J	K	L

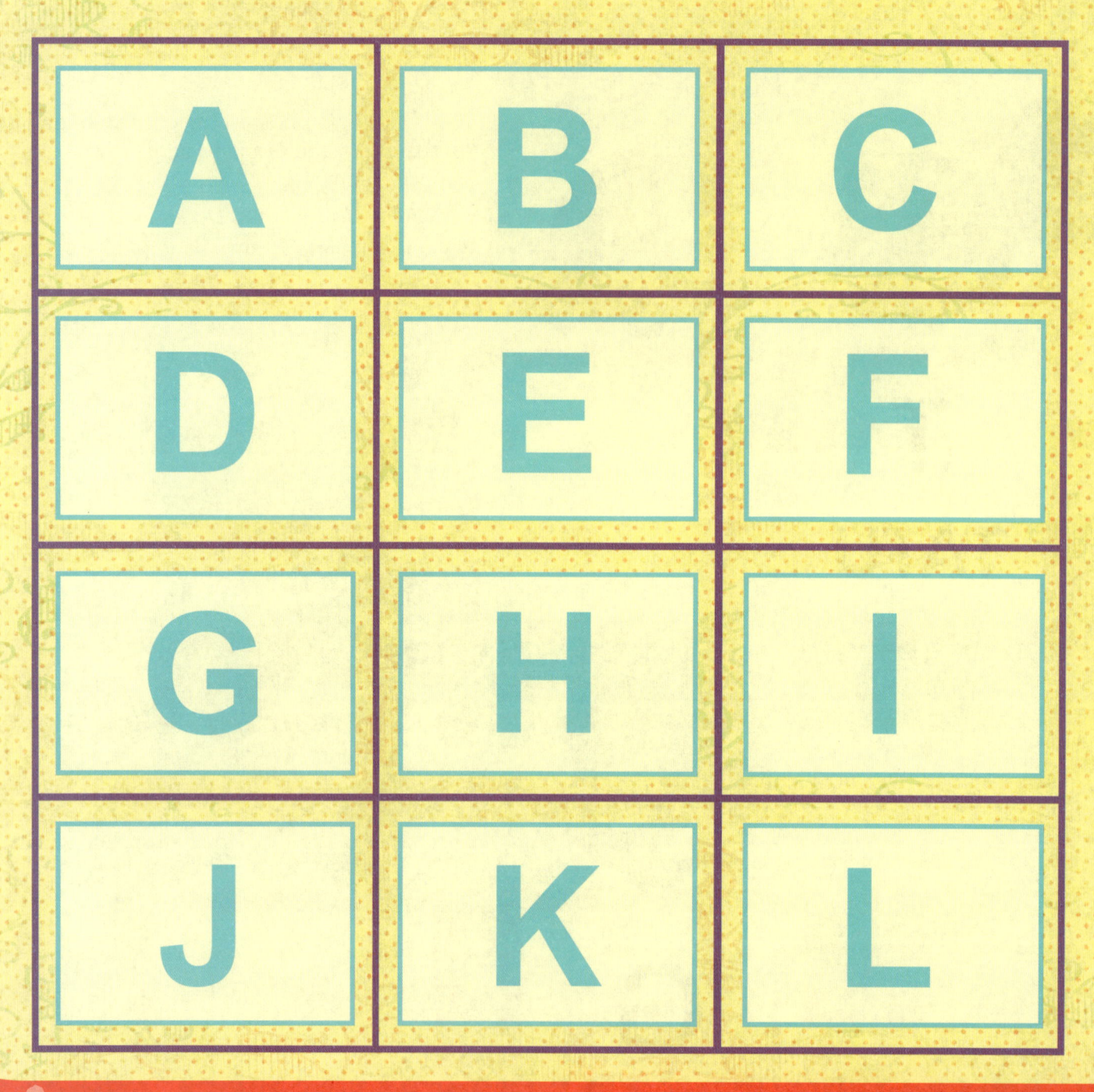

▼ Quais letras do alfabeto você já conhece?

Destaque das páginas 177 e 179 do encarte as figurinhas que completam o álbum do alfabeto e cole-as de acordo com a ordem das letras. Depois, diga o nome dos desenhos em voz alta.

M	N	O
P	Q	R
S	T	U
V	W	X
Y	Z	

▼ Quais letras do alfabeto você já colou no álbum?

Continue destacando as figurinhas do encarte e colando-as no álbum para completá-lo.

Depois, diga o nome de todos os desenhos de **A** a **Z** em sequência e em voz alta.

▶ QUAL É A PALAVRA?

VOCÊ É ESPERTO,
NÃO PODEMOS NEGAR!
AGORA SE CONCENTRE
PARA AS LETRAS JUNTAR!

TEXTO ESCRITO ESPECIALMENTE PARA ESTA OBRA.

A	B	C	D	E
1	2	3	4	5
F	G	H	I	J
6	7	8	9	10
K	L	M	N	O
11	12	13	14	15
P	Q	R	S	T
16	17	18	19	20
U	V	W	X	Y	Z
21	22	23	24	25	26

__ __ __ __ __ __ __ __
1 12 6 1 2 5 20 15

Observe as letras e siga a dica numérica para descobrir quais delas completam os espaços que formam essa palavra. Copie-as nas linhas.

Com os colegas e o professor, leia a palavra formada. Para facilitar, destaque o alfabeto móvel das páginas 189 e 191 do encarte e utilize-o nesta e em outras atividades com letras e palavras.

▶ BRINCANDO COM AS LETRAS DO ALFABETO

A B C D E F G H I J K L M N O P Q R S T U V W X Y Z

▼ Você já jogou "bingo"?
▼ Que tal jogar o "bingo do alfabeto"?

Preencha os quadros da cartela com as letras do alfabeto sem repeti-las, na ordem que desejar. O professor sorteará as letras e você marcará cada uma delas na cartela. Quem completar uma linha primeiro será o vencedor da partida.

LETRAS E LETRAS

A B C D E F
G H I J K
L M N O P
Q R S T U
V W X Y Z

▼ Quais letras do alfabeto aparecem em seu nome?

Circule as letras do alfabeto que aparecem em seu nome e escreva-o no quadro.

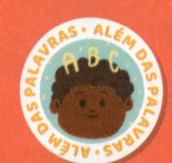

TAREFA PARA CASA 1

UMA LISTA DE NOMES

PAULO	FELIPE	CRISTINA
TATIANA	VITÓRIA	CLÁUDIA
MARCELO	MILENA	RODRIGO
AMANDA	GABRIELA	TERESA
VÍTOR	PEDRO	ARTUR
RAQUEL	FABÍOLA	GUSTAVO

▼ Desses nomes de pessoas, quais você conhece?
▼ Sabia que muitos nomes de pessoas começam com a mesma letra?
   Pinte com a mesma cor os nomes que se iniciam com a mesma letra. Depois, escolha uma das letras do alfabeto e escreva outro nome no quadro.

COM QUE LETRA COMEÇA?

▼ Você conhece outras palavras que se iniciam com a mesma letra?

Recorte de jornais e revistas cinco figuras cujos nomes começam com a mesma letra e cole-as nesta página. Depois, escreva o nome das figuras da maneira que souber.

▼ Com que letra se inicia o nome das figuras que você colou?

▶ CANTAR E BRINCAR COM NOMES

QUEM COMEU PÃO NA CASA DO JOÃO?

— A **MARIA** COMEU PÃO NA CASA DO JOÃO.
— QUEM, EU?
— VOCÊ!
— EU NÃO!
— ENTÃO QUEM FOI?
— FOI O **GABRIEL**!

— QUEM, EU?
— VOCÊ!
— COMI MESMO!
— GULOSO, GULOSO!

CANTIGA.

▼ Você conhece a brincadeira "Quem comeu pão na casa do João?"?
▼ Você gosta de comer pão?
  Cante a cantiga e brinque com os colegas e o professor. Depois, escreva na página o nome dos colegas da turma da maneira que souber e leia-os em voz alta.

TROCANDO LETRAS, FORMANDO PALAVRAS

PÃO

C

N

M

	ÃO
	ÃO
	ÃO

▼ Que outras palavras terminam com o mesmo som da palavra **PÃO**?

Escreva a palavra **PÃO** com as letras do alfabeto móvel. Depois, troque a primeira letra dela pelas letras destacadas, forme novas palavras e escreva-as.

▼ Que palavras você formou?

Escreva-as nas linhas.

INGREDIENTES DO PÃO!

| PÃO FRANCÊS | PÃO BENGALA | PÃO DE FORMA | PÃO DE QUEIJO |

▼ Você sabia que existem diferentes tipos de pão?
Observe alguns dos diferentes tipos de pão.
▼ Que outros tipos de pão você conhece?
▼ Quais ingredientes são necessários para fazer pão?
Pesquise com os colegas e o professor os ingredientes que são necessários para preparar pão e registre o nome deles na página.

▶ 16 DE OUTUBRO – DIA MUNDIAL DO PÃO

PÃO FRANCÊS, PÃO RÚSTICO, BENGALA, FILÃO, PÃO CASEIRO, PÃO DE CEREAIS, CIABATTA, BISNAGUINHA, PÃO SÍRIO, PÃO DOCE, PÃO AUSTRALIANO, PÃO DE FORMA, PÃO ITALIANO, PÃO INTEGRAL... O PÃO É UM DOS ALIMENTOS MAIS TRADICIONAIS EM TODO O MUNDO. PARA HOMENAGEAR ESSA IGUARIA TÃO VARIADA, TÃO POPULAR E TÃO CONSUMIDA, FOI CRIADO O DIA MUNDIAL DO PÃO [...].

ELAINE PATRICIA CRUZ. DIA MUNDIAL DO PÃO: CONHEÇA UM POUCO DA HISTÓRIA DO PRODUTO NO BRASIL. **AGÊNCIA BRASIL**. DISPONÍVEL EM: HTTP://AGENCIABRASIL.EBC.COM.BR/GERAL/NOTICIA/2019-10/DIA-MUNDIAL-DO-PAO-CONHECA-UM-POUCO-DA-HISTORIA-DO-PRODUTO-NO-BRASIL. ACESSO EM: 9 JAN. 2020.

SE LIGUE NA REDE

Para conhecer melhor a história do pão no Brasil, acesse a reportagem disponível no *link* a seguir (acesso em: 9 jan. 2020).

▼ http://agenciabrasil.ebc.com.br/geral/noticia/2019-10/dia-mundial-do-pao-conheca-um-pouco-da-historia-do-produto-no-brasil

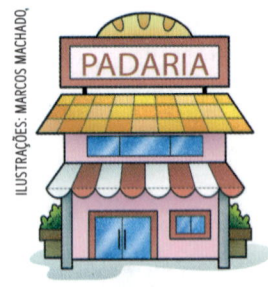

ILUSTRAÇÕES: MARCOS MACHADO.

PADARIA

PADEIRO

▼ Você sabe o nome do lugar onde o pão é feito?
▼ E o nome do profissional que faz o pão?

Ouça a leitura do texto que o professor fará. Depois, cubra o tracejado das letras para completar as palavras.

QUAL LETRA É?

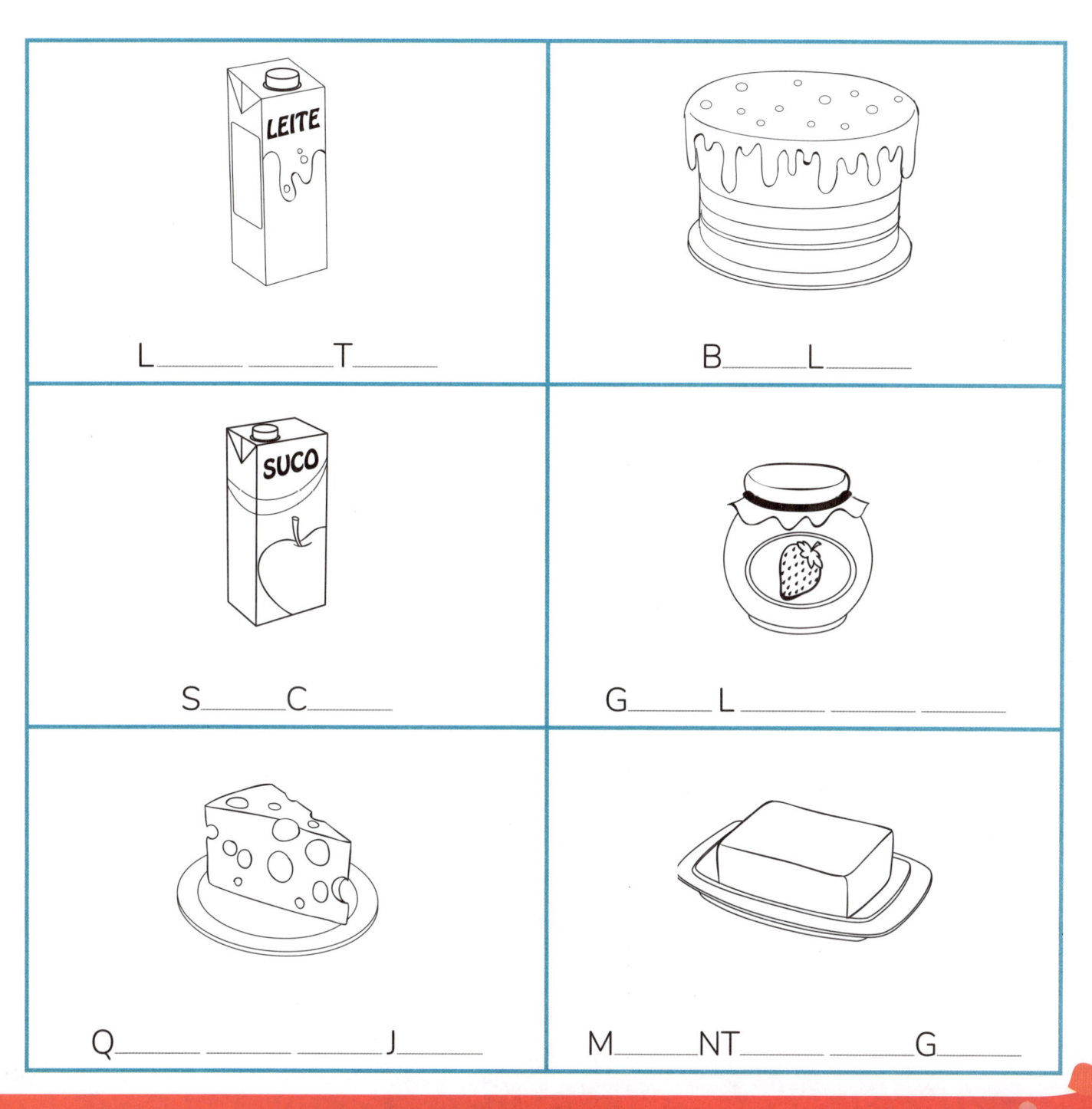

L_____ T_____

B___ L_____

S____ C_____

G___ L_____

Q_____ J_____

M____ NT_____ G____

▼ Que outros produtos além do pão podem ser comprados na padaria?

Observe as figuras e pinte-as. Depois, complete as palavras com as letras que faltam e leia-as em voz alta.

BRINCANDO COM O NOME DAS COISAS

VOCÊ SABE,
VOCÊ DIZ,
VOCÊ DESENHA.
É O APRENDIZ!

TEXTO ESCRITO ESPECIALMENTE PARA ESTA OBRA.

Desenhe cinco objetos e escreva o nome deles da maneira que souber.
▼ Você encontra letras iguais nos nomes que escreveu?
Pinte com a mesma cor as letras iguais nos nomes que você escreveu.

BRINCANDO DE ADIVINHAR A PALAVRA

ADIVINHE, SE PUDER!
VOA, TEM PENA,
MAS PÁSSARO NÃO É...

ESSE BRINQUEDO
NÃO TEM SEGREDO.
ALEGRE E SAPECA,
É A COLORIDA PETECA.

QUEM JOGA?
QUEM PEGA?
QUEM VAI CONSEGUIR? [...]

MÉRCIA MARIA LEITÃO. **FOLCLORICES DE BRINCAR.** SÃO PAULO: EDITORA DO BRASIL, 2009. P. 17.

▼ Você gosta de brincar de adivinhação?
Ouça a leitura do poema que o professor fará para descobrir um brinquedo. Depois, pinte a figura usando cola colorida.
▼ Qual brinquedo você descobriu?
▼ Você já brincou com esse brinquedo?

TAREFA PARA CASA 2

▶ FORMANDO PALAVRAS

| P | E | T | E | C | A |

Destaque as letras da página 181 do encarte e cole-as nos locais correspondentes para formar o nome de um brinquedo. Depois, leia a palavra que você formou e circule as letras que se repetem.

▼ Quantas letras tem essa palavra?

Faça na página riscos com lápis colorido para representar o movimento da peteca.

BRINCADEIRA E ARTE

MARTA DINIZ. **PETECA**, 2019. ILUSTRAÇÃO BORDADA EM TECIDO, 50 CM × 40 CM.

▼ Quantas crianças aparecem nessa obra de arte?
▼ Que brinquedo você identifica nela?
  Escreva na linha, da maneira que souber, o nome desse brinquedo.
▼ Com que letra começa essa palavra?
  Depois, com a ajuda do professor e em uma folha à parte, faça com os colegas uma lista de outras palavras que começam com essa letra.

BRINCANDO COM OS SONS DAS PALAVRAS

A ARARINHA ASSANHADA
ADORA ANDAR ARRUMADA
ARRUMA A SAIA AMASSADA
ALINHA A BLUSA AZULADA
AMARRA A ROSA DOURADA
ARRASTA A TURMA ANIMADA.

ROSINHA. **ABC DO TRAVA--LÍNGUA.** SÃO PAULO: EDITORA DO BRASIL, 2012. (COLEÇÃO AKPALÔ: CULTURA POPULAR, P. 5).

▼ Você já brincou de trava-língua?

Ouça o trava-língua que o professor lerá e repita-o rapidamente sem travar a língua.

▼ Você percebe as palavras com sons finais iguais no trava-língua?

Com a ajuda do professor, encontre essas palavras e sublinhe-as. Depois, pinte o desenho com suas cores preferidas.

FAZENDO RIMAS

EU VI O INFINITO
NA PONTA DE UM PALITO.
EU VI O QUE É BONITO
NAS ASAS DE UM MOSQUITO.
[...]

EU VI UM ELEFANTE
FALANTE E ELEGANTE.
ELE BEBIA REFRESCANTE
UM MAR DE REFRIGERANTE.
[...]

JONAS RIBEIRO. **EU VI!** SÃO PAULO: MUNDO MIRIM, 2009. P. 5, 29.

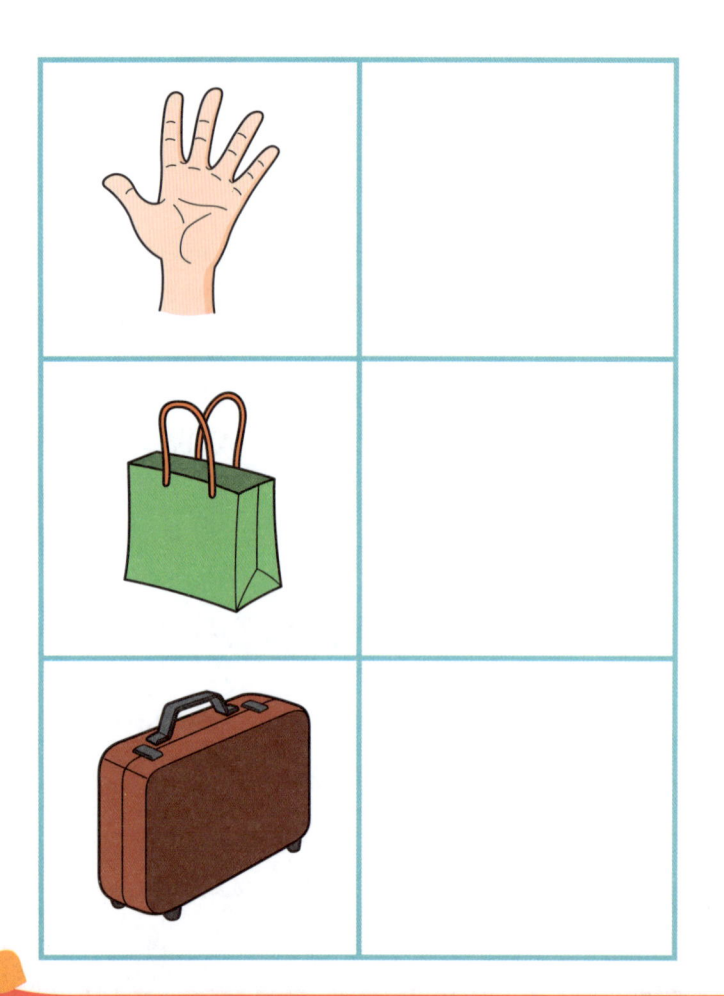

▼ Você gosta de fazer rimas?

Ouça a leitura do poema que o professor fará, descubra as palavras que rimam e circule-as com canetinha hidrocor. Depois, leia em voz alta as palavras que você circulou.

Por fim, observe as figuras e crie rimas para elas escrevendo ou desenhando nos quadros.

O SOM DAS PALAVRAS

EU VI UM _____

QUE USAVA _____.

ILUSTRAÇÕES: EDUARDO BELMIRO

EU VI UMA _____

QUE NADAVA COMO UMA _____.

EU VI UM _____

QUE ERA AMIGO DO _____.

▼ Vamos rimar?

Com a ajuda do professor, leia os versos substituindo os desenhos pelas palavras correspondentes. Depois, reúna-se com alguns colegas e, em pequenos grupos, encontrem palavras com o mesmo som final para completar as rimas. Escreva-as nas linhas, da maneira que souber.

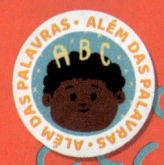

▶ VAMOS RIMAR?

PATO

BALA

PENTE

ANEL

MALA

GATO

PANELA

JANELA

PINCEL

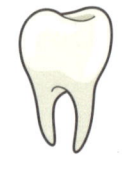

DENTE

ILUSTRAÇÕES: EDUARDO BELMIRO

▼ Que objetos você vê na página?
 Diga o nome deles em voz alta e ligue os desenhos cujos nomes formam rimas. Depois, sublinhe as letras que se repetem no final das palavras que você ligou.

▶ BRINCANDO COM AS PALAVRAS DO DIA A DIA

As letras estão em toda parte.
▼ Em seu dia a dia, onde você costuma ver letras?

Conte aos colegas e ao professor. Depois, observe as imagens e circule as letras que você identificar.

PESQUISANDO RÓTULOS E EMBALAGENS

▼ Você costuma acompanhar algum adulto nas compras em supermercados?

Recorte de revistas ou panfletos de supermercados imagens de produtos que você conhece e cole-os nesta página.

▼ Você colou imagens de que produtos?

Apresente seu trabalho aos colegas e ao professor e explique para que servem esses produtos.

▶ LENDO RÓTULOS

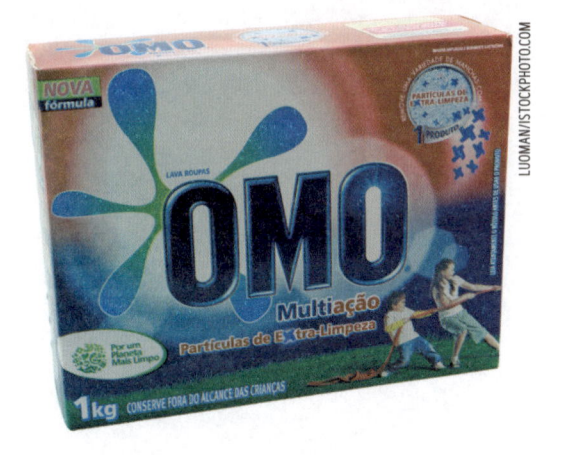

- ▼ Quais dessas marcas você conhece?
- ▼ Que letras você identifica nessas embalagens?
  Conte aos colegas e ao professor.

  Com a ajuda do professor, leia os rótulos dos produtos. Circule os alimentos com canetinha hidrocor **vermelha** e os produtos de higiene e limpeza com canetinha hidrocor **verde**.

UNIDADE 2

DE DAR ÁGUA NA BOCA

- Quais alimentos deixam você com água na boca?

Converse com os colegas e o professor sobre suas preferências de alimentos.

Agora, observe a cena e tente descobrir o que cada criança comerá.

Depois, destaque as figuras da página 183 do encarte e cole-as nos lugares correspondentes para completar a cena.

- Que alimentos você colou?

▶ **ADIVINHAS**

O QUE É, O QUE É?

TEM ESCAMAS, MAS NÃO É PEIXE.
TEM COROA, MAS NÃO É REI.

A_____ACAX_____

O QUE É, O QUE É?

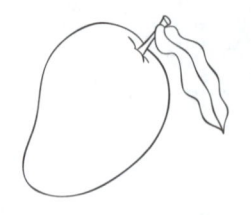

TEM NO POMAR
E NO PALETÓ.

MA_____G_____

O QUE É, O QUE É?

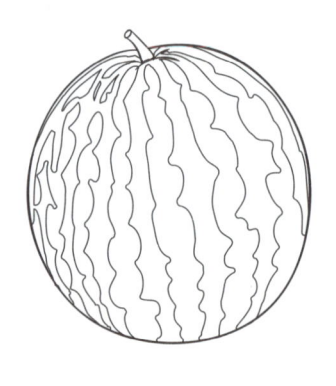

É VERDE, MAS NÃO É CAPIM.
É BRANCO, MAS NÃO É ALGODÃO.
É VERMELHO, MAS NÃO É SANGUE.
É PRETO, MAS NÃO É CARVÃO.

ADIVINHAS.

ME_____ANCI_____

▼ Você gosta de frutas?
  Ouça a leitura que o professor fará e pinte as frutas que respondem às adivinhas. Depois, complete as palavras escrevendo as letras que faltam e leia-as.
▼ Você já provou alguma dessas frutas?

TAREFA PARA CASA 3

▶ QUANTAS FRUTAS?

A CESTA DA FEIRA

— HOJE É SEXTA-FEIRA.
VIVA A CESTA DA FEIRA!

— CADÊ O ABACAXI?
— ESTÁ LOGO ALI.

— E AS AMEIXAS?
— QUIETAS, SEM QUEIXAS? [...]

— E O MELÃO?
— JÁ TÁ NA MÃO.

— E AS BANANAS?
— QUE BACANAS!

— TEM UVA E JABUTICABA?
— TEM FRUTA QUE NÃO ACABA. [...]

ELIAS JOSÉ. **SEGREDINHOS DE AMOR.**
SÃO PAULO: MODERNA, 2002. P. 34-35.

▼ Você costuma comer frutas todos os dias?
 Ouça a leitura do poema que o professor fará e circule o nome das frutas que aparecem nele. Depois, copie no quadro o nome da fruta que começa com a letra **B**.
▼ Há alguma dessas frutas que você ainda não tenha experimentado?

▶ VAMOS FAZER E EXPERIMENTAR...

VITAMINA DE FRUTAS

VOCÊ VAI PRECISAR DE :

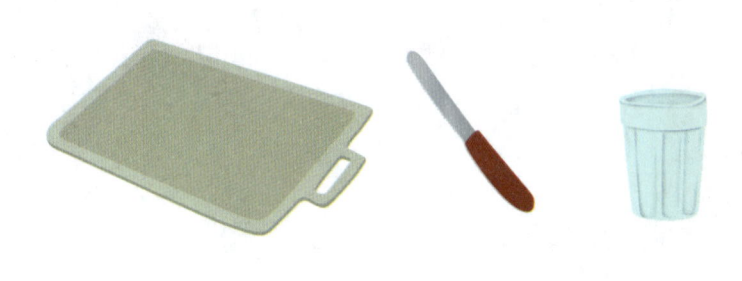

ILUSTRAÇÕES: ESTÚDIO KIWI

INGREDIENTES:

- 1 🍎 _____
- 1 🍌 _____
- ½ 🥭 _____
- 2 COLHERES DE AÇÚCAR _____
- 1 COPO DE LEITE _____

▼ Você já provou alguma vitamina de frutas?
▼ Qual vitamina você mais gosta de tomar?
   Descubra os ingredientes da receita e, com a ajuda do professor, escreva o nome deles ao lado das figuras.

...UMA VITAMINA PARA ANIMAR!

MODO DE FAZER

1 LAVE AS FRUTAS E DESCASQUE-AS COM A AJUDA DE UM ADULTO.

2 CORTE AS FRUTAS EM PEDAÇOS.

3 COLOQUE OS PEDAÇOS NO LIQUIDIFICADOR.

4 ACRESCENTE O LEITE E O AÇÚCAR.

5 BATA POR 1 MINUTO.

6 DESPEJE EM UM COPO E SABOREIE.

Ouça a leitura do professor. Depois, destaque as imagens da página 181 do encarte, organize-as e cole-as na sequência correta, de acordo com o modo de preparo da receita.

▼ Você já ajudou alguém a preparar uma vitamina de frutas?
▼ É importante lavar bem os alimentos?

UMA ÁRVORE PARA CADA FRUTA

SEGREDOS DO POMAR

UM DOS ORGULHOS DE DONA BENTA É O POMAR DO SÍTIO. ELE FICA ATRÁS DA CASA E ALGUMAS DE SUAS ÁRVORES TÊM DONO. A PITANGUEIRA É DA EMÍLIA, AS JABUTICABEIRAS SÃO DA NARIZINHO, A MANGUEIRA, DO PEDRINHO, O VISCONDE TEM UM PEZINHO DE ROMÃ E OS MAMOEIROS SÃO DE TIA NASTÁCIA. [...]

SÍTIO DO PICAPAU AMARELO: MEU DIÁRIO. BASEADO NA OBRA DE MONTEIRO LOBATO. 2. ED. SÃO PAULO: GLOBO, 2009. P. 62.

▼ Qual é a sua fruta predileta?

Ouça a leitura do texto que o professor fará. Depois, identifique e circule o nome das árvores frutíferas que aparecem nele.

▼ Que fruta cada árvore dessas produz?

Escreva o nome dessas frutas no quadro, da maneira que souber.

▼ Qual é o nome da árvore frutífera que produz a romã?

MEU CAJU, MEU CAJUEIRO

VOCÊ SABIA QUE É NO BRASIL QUE ESTÁ A MAIOR ÁRVORE FRUTÍFERA DO MUNDO E QUE ELA TEM MAIS DE CEM ANOS?

ELA FICA EM PIRANGI, A ALGUNS QUILÔMETROS DE DISTÂNCIA DE NATAL, RIO GRANDE DO NORTE.

A ÁRVORE EQUIVALE AO TAMANHO DE UM CAMPO DE FUTEBOL, E NÃO PARA DE CRESCER!

ENTRE OS MESES DE NOVEMBRO A JANEIRO, QUANDO OCORRE A FRUTIFICAÇÃO, O CAJUEIRO PRODUZ UMA QUANTIDADE ENORME DE CAJUS.

FONTE DE PESQUISA: ADRIANA FRANZIN. VOCÊ SABIA QUE A MAIOR ÁRVORE FRUTÍFERA DO MUNDO ESTÁ NO BRASIL? **PORTAL ECB**, BRASÍLIA, DF, 17 SET. 2012. DISPONÍVEL EM: WWW.EBC.COM.BR/INFANTIL/VOCE-SABIA/2012/09/VOCE-SABIA-QUE-A-MAIOR-ARVORE-FRUTIFERA-DO-MUNDO-ESTA-NO-BRASIL. ACESSO EM: 14 JAN. 2020.

___ ___ ___ ___

▼ Você já experimentou essa fruta?
▼ De que maneira experimentou?

Conte aos colegas e ao professor se você gosta dessa fruta ou se tem vontade de prová-la. Depois, escreva o nome dela nos espaços indicados. Dica: escreva uma letra em cada tracinho.

TEM FRUTA NO PÉ

TEM COISA MAIS GOSTOSA DO QUE COLHER UMA FRUTA DIRETO DO PÉ? NAS GRANDES CIDADES, UM JEITO PRÁTICO DE TER ÁRVORES FRUTÍFERAS EM CASA É CULTIVÁ-LAS EM VASOS.

J [▢] A [▢] B [▢] U [▢] R [◯] T [▢] I [▢]
C [▢] A [▢] U [△] B [▢] A [▢] E [◯] Y [△]

- VOCÊ CONHECE ESSA FRUTA?

OS FRUTOS DA JABUTICABEIRA SE CHAMAM JABUTICABA. A JABUTICABA É PEQUENA, TEM CASCA PRETA E POLPA BRANCA. ELA CRESCE NOS TRONCOS E RAMOS DA JABUTICABEIRA.

▼ Você já colheu fruta do pé?
Separe no alfabeto móvel apenas as letras que aparecem dentro dos quadrados. Com elas, monte o nome de uma fruta que pode ser cultivada em casa. Em seguida, escreva o nome dela no quadro.
Agora, ouça as informações que o professor lerá sobre essa fruta.

▼ Você ou seus familiares cultivam alguma árvore frutífera em casa?

COLHENDO FRUTAS NO POMAR

[...] NO POMAR, AS ÁRVORES ESTÃO POR TODA PARTE... PÉ DE **LARANJA**, PÉ DE **ABACATE**, PÉ DE **LIMÃO**, FRUTA NO PÉ, FRUTA NA MÃO!

JABUTICABA PRETINHA, NA ÁRVORE TEM QUE SUBIR. CUIDADO PRA NÃO CAIR!

CARAMBOLA TEM FORMA DE BOLA?

NÃO! QUANDO CORTA TEM FORMA DE ESTRELA. ORA, BOLA! [...]

ELLEN PESTILI. **HORTA, POMAR E JARDIM, BRINCADEIRA NÃO TEM FIM.**
SÃO PAULO: EDITORA DO BRASIL, 2016. P. 12-14.

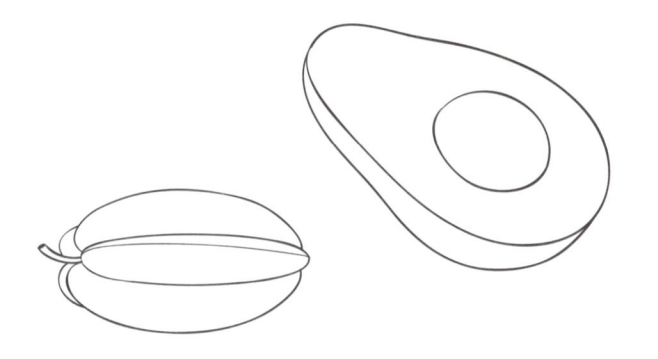

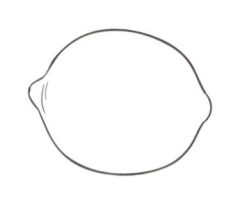

ILUSTRAÇÕES: BRUNA ISHIHARA

JABUTICABEIRA   LIMOEIRO   ABACATEIRO

CARAMBOLEIRA   LARANJEIRA

▼ Você sabe o que é um pomar? Já visitou um?
▼ Quais frutas foram mencionadas no texto?

Ouça a leitura que o professor fará e pinte as figuras das frutas citadas. Depois, ligue cada fruta ao nome da árvore que a produz e diga o nome dela em voz alta.

PLANTANDO ÁRVORES

ÁRVORE

FRUTA

▼ Se você fosse plantar uma árvore frutífera em sua casa, qual seria?

Faça um desenho para representá-la e apresente-o à turma. Depois, com a ajuda do professor, escreva o nome da árvore e o da fruta que ela produz.

▶ QUEM CANTA SEUS MALES ESPANTA

MEU LIMÃO

MEU LIMÃO, MEU LIMOEIRO
MEU PÉ DE JACARANDÁ
UMA VEZ TINDÔ LÊ LÊ
OUTRA VEZ TINDÔ LÁ LÁ

CANTIGA.

▼ Você já experimentou limão?
▼ Que suco podemos fazer com ele?

Ouça e cante a música com os colegas e o professor. Depois, destaque os limões da página 183 do encarte e cole-os no limoeiro.

▼ Quantos limões você colou?

AO SOM DAS PALAVRAS

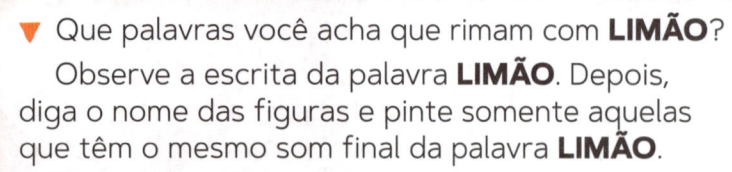

LIMÃO

▼ Que palavras você acha que rimam com **LIMÃO**?

Observe a escrita da palavra **LIMÃO**. Depois, diga o nome das figuras e pinte somente aquelas que têm o mesmo som final da palavra **LIMÃO**.

▼ Quais figuras você pintou?

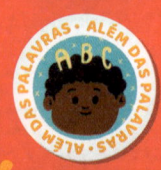

QUEM É ELA?

Cozinheira de Mão-Cheia

Ninguém faz bolinhos tão saborosos como a Tia Nastácia. Ela é a cozinheira do Sítio desde quando a Narizinho era ainda um bebezinho. Tia Nastácia guarda todas as receitas na memória e se não sabe alguma, inventa. O resultado é sempre delicioso.

| | | S | | Á | C | | |

▼ Você conhece essa personagem? De onde?
Complete o nome dela escrevendo nos quadrinhos as letras que estão faltando.

▼ Você sabe dizer qual é a primeira letra do nome da personagem?
Escreva nas linhas outras palavras que começam com a mesma letra do nome **Nastácia**.

▶ RECEITA DA TIA NASTÁCIA

BOLINHO DE CHUVA

INGREDIENTES:

| FARINHA DE TRIGO |  AÇÚCAR | SAL |  FERMENTO |  ERVA-DOCE |
|  MANTEIGA |  OVOS |  QUEIJO | ÓLEO | CANELA |

ILUSTRAÇÕES: HENRIQUE BRUM

MODO DE FAZER

MISTURAR A MANTEIGA E O AÇÚCAR, ACRESCENTAR OS OVOS UM A UM, PÔR AOS POUCOS O TRIGO JÁ PENEIRADO COM O FERMENTO, MISTURAR; ACRESCENTAR O SAL, A ERVA-DOCE E O QUEIJO RALADO. MEXER MAIS UM POUCO.

FRITAR EM ÓLEO QUENTE [...].

SALPICAR OS BOLINHOS, JÁ PRONTOS, COM AÇÚCAR E CANELA.

É UMA DELÍCIA PARA SERVIR COM CAFÉ EM "DIA DE CHUVA".

MÁRCIA CAMARGOS E VLADIMIR SACCHETTA. **À MESA COM MONTEIRO LOBATO.** SÃO PAULO: SENAC, 2008. P. 77.

▼ Você já comeu bolinho de chuva? Gostou?

Leia a receita com a ajuda do professor e circule no "modo de fazer" o nome dos ingredientes.

TAREFA PARA CASA 4

CUIDADOS E DICAS PARA SER UM COZINHEIRO MIRIM

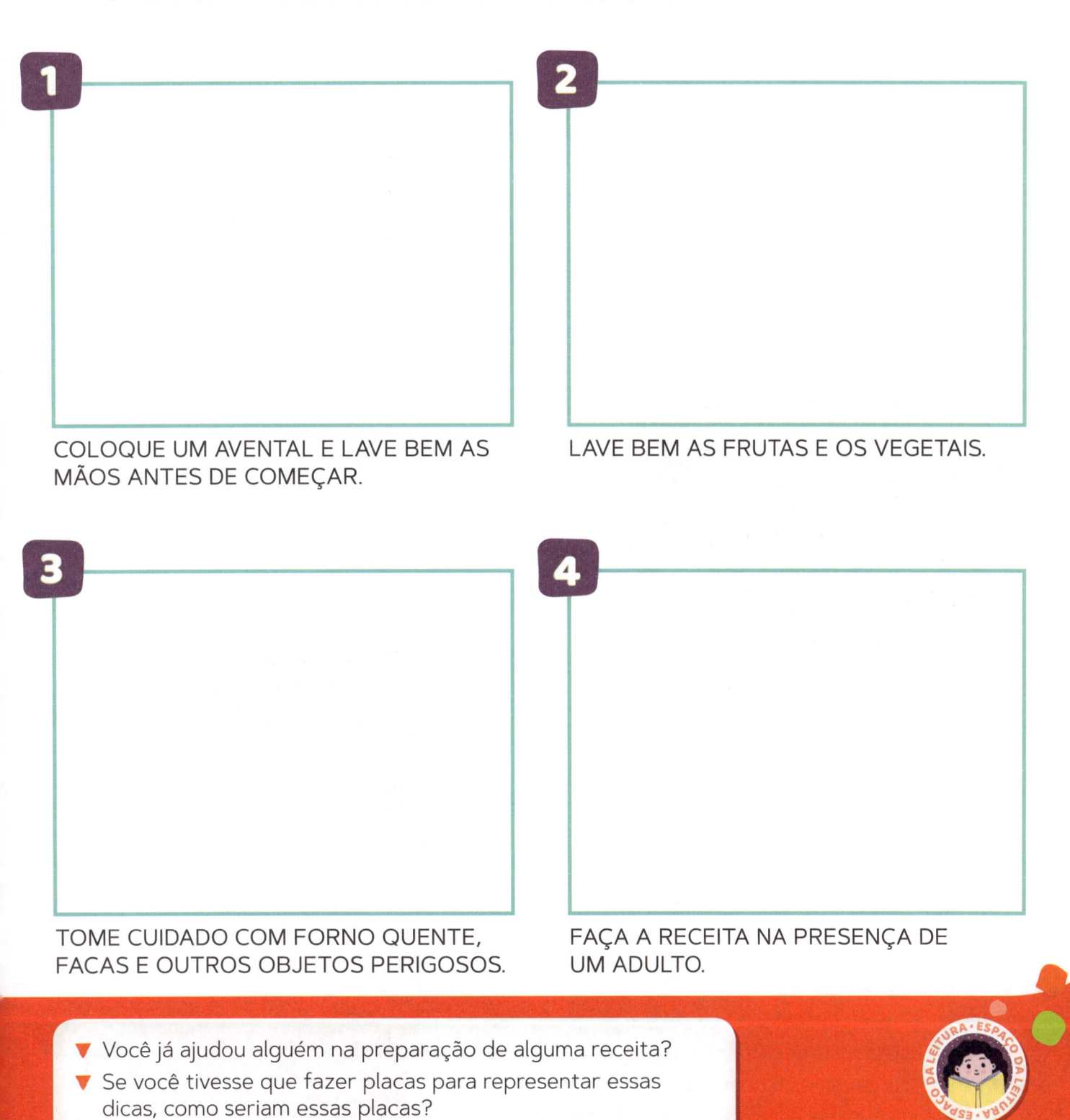

1. COLOQUE UM AVENTAL E LAVE BEM AS MÃOS ANTES DE COMEÇAR.

2. LAVE BEM AS FRUTAS E OS VEGETAIS.

3. TOME CUIDADO COM FORNO QUENTE, FACAS E OUTROS OBJETOS PERIGOSOS.

4. FAÇA A RECEITA NA PRESENÇA DE UM ADULTO.

▼ Você já ajudou alguém na preparação de alguma receita?
▼ Se você tivesse que fazer placas para representar essas dicas, como seriam essas placas?

Desenhe nos quadros um símbolo para representar cada dica.

▶ SENTINDO O GOSTO

O QUE É, O QUE É?

PODE SER DOCE OU SALGADO, MAS NINGUÉM CONSEGUE FAZER DIREITO.

ADIVINHA.

TORTA

BOLO

PUDIM

ILUSTRAÇÕES: BRUNA ISHIHARA

▼ Você gosta mais de alimentos doces ou salgados?
▼ Como percebemos o gosto dos alimentos?

Ouça a leitura da adivinha que o professor fará. Depois, observe as figuras e circule a resposta da adivinha.

COMER É MUITO BOM!

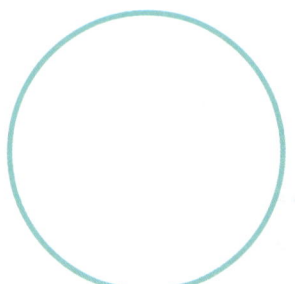

GOSTO	ADORO	NÃO GOSTO	NUNCA EXPERIMENTEI
😊	🥰	🤢	🤔

____ACA____ÃO   SO____VE____

____O____O   ____ANA____A

▼ Você gosta desses alimentos?
▼ Sabe o nome deles?
   Observe os alimentos e complete o nome deles com as letras que estão faltando. Depois, desenhe as carinhas de acordo com a legenda para expressar seu gosto.

TUDO DE BOM É A ALIMENTAÇÃO

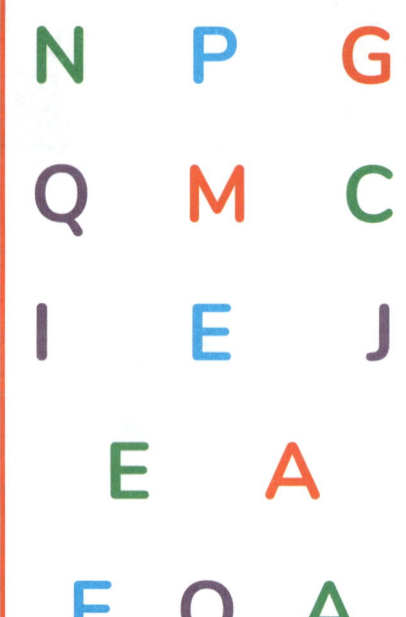

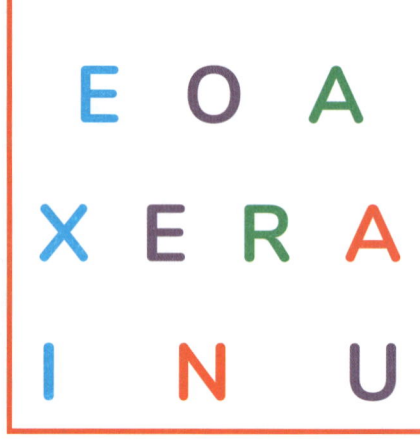

```
N P G
Q M C
I E J
  E A
E O A
X E R A
I N U
```

- ▼ O que você vê nas imagens?

    Identifique os alimentos que aparecem na página e diga o nome deles em voz alta.

    Depois, com a ajuda do professor, junte as letras de mesma cor e escreva o nome dos alimentos nas linhas. Use o alfabeto móvel como auxílio.

    Por fim, leia os nomes que você escreveu.

- ▼ Você sabe o que são alimentos saudáveis?

ALIMENTO SAUDÁVEL

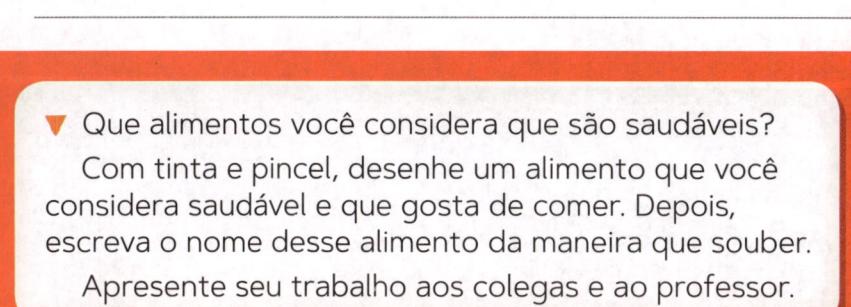

▼ Que alimentos você considera que são saudáveis?
Com tinta e pincel, desenhe um alimento que você considera saudável e que gosta de comer. Depois, escreva o nome desse alimento da maneira que souber.
Apresente seu trabalho aos colegas e ao professor.

▶ FRUTAS, VERDURAS E LEGUMES...

VOCÊ SABIA...
...QUE FRUTAS, VERDURAS E LEGUMES SÃO ALIMENTOS SAUDÁVEIS E QUE, QUANDO OS COMEMOS, ELES NOS AJUDAM A CRESCER FORTES?

MORANGO

PERA

MAÇÃ

ALFACE

COUVE

ABOBRINHA

CENOURA

CHUCHU

- ▼ Você gosta de comer frutas, verduras e legumes?
- ▼ De que jeito você gosta de consumi-los?
- ▼ Qual é sua verdura preferida? E o legume preferido? Ligue as imagens ao respectivo nome.
- ▼ Quais desses alimentos você já experimentou?

MONTANDO UM CARDÁPIO

CAFÉ DA MANHÃ

ALMOÇO

JANTAR

▼ Quais alimentos você costuma comer em suas refeições?

Desenhe os alimentos que você costuma comer em cada refeição do dia: café da manhã, almoço e jantar. Depois, escreva o nome deles da maneira que souber e leia-os para os colegas e o professor.

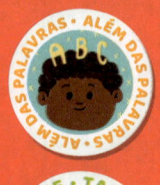

QUAL LETRA É?

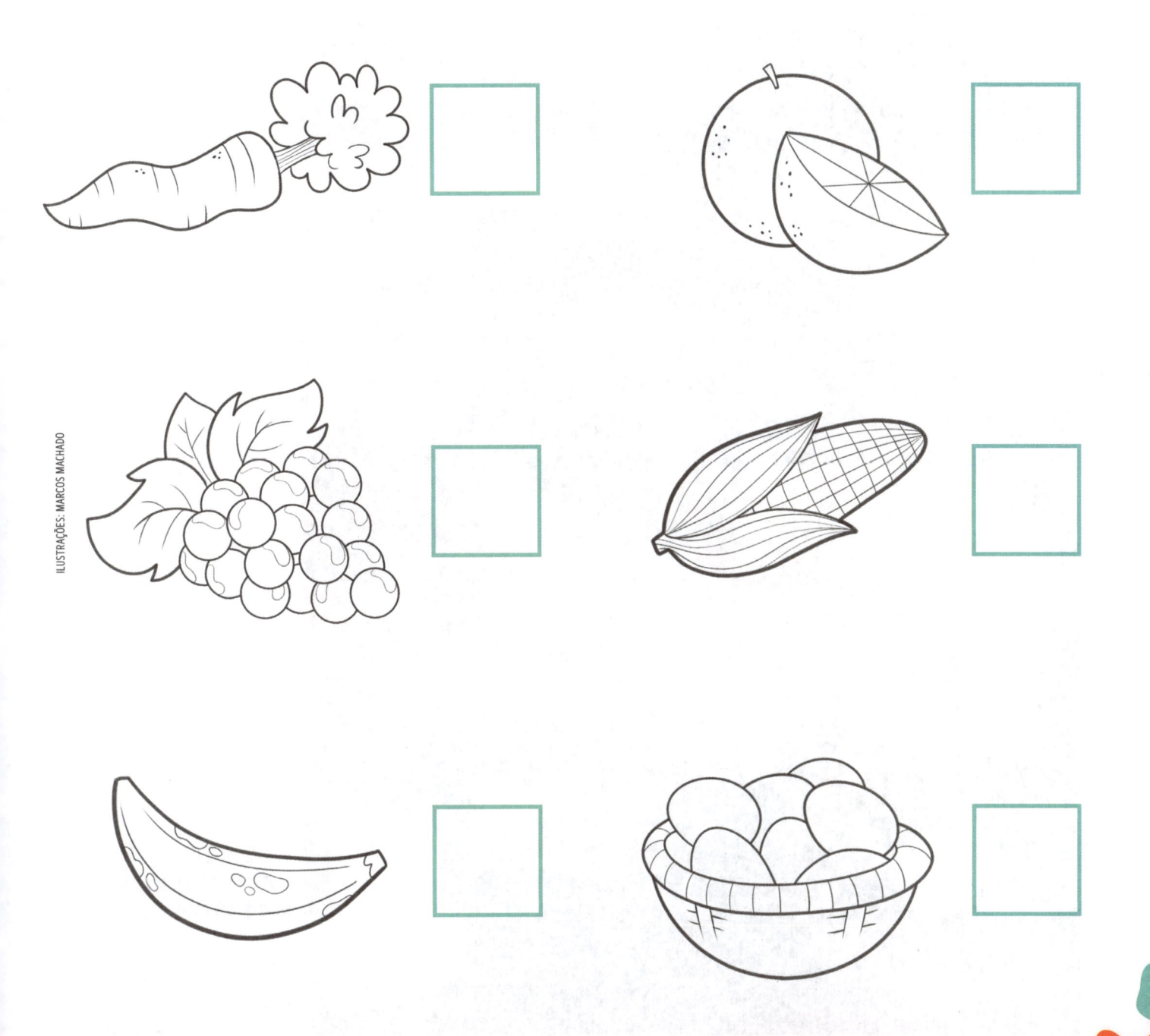

ILUSTRAÇÕES: MARCOS MACHADO

▼ Quais alimentos estão representados nas figuras?
Pinte as figuras e diga o nome dos alimentos em voz alta.
Depois, com a ajuda do professor e usando o alfabeto móvel, escreva nos quadrinhos a letra inicial do nome de cada alimento.

ARTE, SABOR E COR

OLGA COSTA. **LA VENDEDORA DE FRUTAS** (A VENDEDORA DE FRUTAS), 1951. ÓLEO SOBRE TELA, 191 CM × 241 CM.

Observe com atenção a obra de arte.
▼ O que você acha que está acontecendo na obra retratada?
▼ Que título você acha que o artista deu para essa obra?
▼ Quais frutas você identifica nela?

Escreva, da maneira que souber, o nome das frutas que você identifica na obra de arte. Se necessário, use uma folha à parte.

O ARTISTA É VOCÊ

▼ Você já visitou alguma galeria de arte?

Inspirado na obra de arte da página 56, crie sua própria obra de arte e dê um título para ela.

Depois, apresente seu trabalho aos colegas e ao professor.

UNIDADE 3

CIRANDA DA ARTE

- O que você observa em cada uma das fotografias? Escreva nos quadros, da maneira que souber, o que cada fotografia representa.

- Qual dessas atividades é a sua preferida? Circule-a com lápis de cor.

- Você sabia que desenhar é um tipo de arte que comunica ideias? Faça um desenho no espaço em branco e mostre sua ideia aos colegas e ao professor.

DANÇA DA CIRANDA

CIRANDA DO PÔR DO SOL, 2019. ALTO DA SÉ, OLINDA, PERNAMBUCO.

K	P	X	E	W	R	Y	N	K	A	M	B	U	W	C	O

Destaque da página 193 do encarte as peças que formam o quebra-cabeça, cole-as acima e descubra a dança da ciranda.

▼ Você sabe de onde vem a dança da ciranda?

Elimine as letras **K**, **W**, **X** e **Y** da sequência. Em seguida, copie as letras que sobrarem nos quadrinhos para formar a palavra e descobrir o nome do lugar de onde essa dança vem. Depois, escolha uma música e dance a ciranda com os colegas.

AO SOM DE PERNAMBUCO

MINHA CIRANDA

MINHA CIRANDA NÃO É MINHA SÓ
ELA É DE TODOS NÓS, ELA É DE TODOS NÓS
A MELODIA PRINCIPAL QUEM GUIA
É A PRIMEIRA VOZ, É A PRIMEIRA VOZ.
PRA SE DANÇAR CIRANDA
JUNTAMOS MÃO COM MÃO
FORMANDO UMA RODA
CANTANDO UMA CANÇÃO. [...]

CAPIBA.

SE LIGUE NA REDE

Para ouvir a música completa, acesse o *link* a seguir (acesso em: 21 fev. 2020):

▼ www.youtube.com/watch?v=fdCZxzCbAAE

Uma ciranda muito conhecida é a "Minha Ciranda", de Capiba.

Ouça e cante a ciranda, com os colegas e o professor, acompanhando-a com instrumentos musicais ou objetos que produzam sons.

Depois, faça um desenho em folha à parte para representar essa experiência.

A CIDADE HOMENAGEIA UM ARTISTA

CARTAZ "FESTIVAL DE CIRANDA, NA RODA COM MARICOTA", 2017. REALIZAÇÃO DO GRUPO ARIANO SUASSUNA – GAS PRODUÇÕES ARTÍSTICAS.

Observe o cartaz e converse com os colegas e o professor sobre a ideia que ele traz e a impressão que você teve sobre ele.

Ouça a leitura do cartaz e a explicação do professor. Depois, circule nele a palavra **CIRANDA**.

▼ Você já viu outros cartazes?
▼ Que tal montar uma exposição de cartazes que falem de arte para mostrar um pouco mais da nossa cultura?

A ARTE DE DANÇAR E JOGAR

É DANÇA,
É JOGO,
É LUTA DISFARÇADA DE DANÇA.
TEM GINGA,
TEM MÚSICA,
TEM RITMOS E
TEM INSTRUMENTOS.
TEM TAMBÉM MOVIMENTOS
COM O CORPO.
O QUE É?

GRUPO DE CAPOEIRA DO NORDESTE DE AMARALINA, SALVADOR, BAHIA, 2019.

TEXTO ESCRITO ESPECIALMENTE PARA ESTA OBRA.

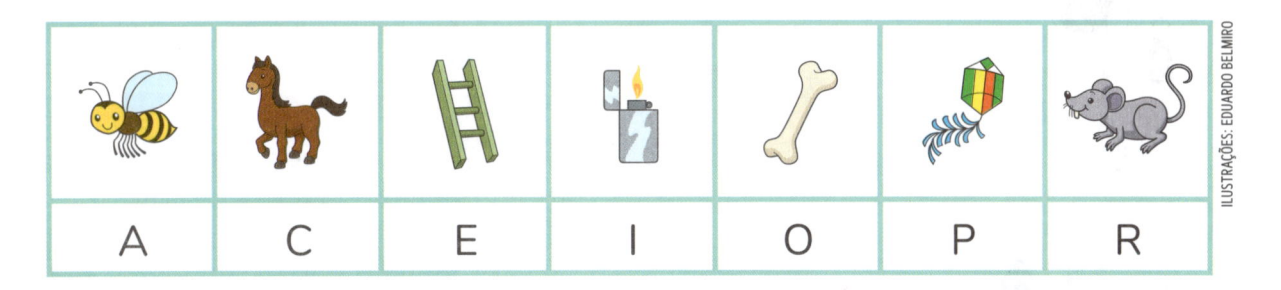

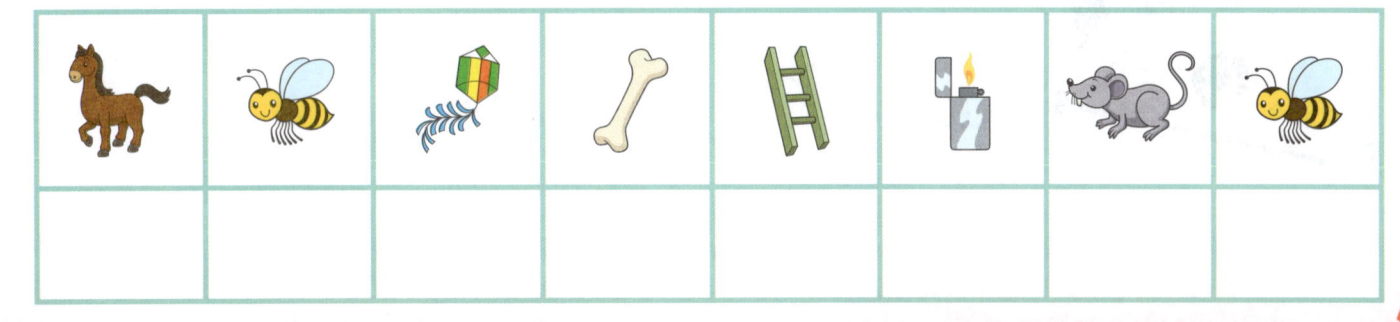

🐝	🐴	🪜	🔥	🦴	🪁	🐭
A	C	E	I	O	P	R

🐴	🐝	🪁	🦴	🪜	🔥	🐭	🐝

▼ Você já viu uma apresentação como a da fotografia?
▼ O que as pessoas estão fazendo?

Ouça a adivinha que o professor lerá. Depois, substitua os símbolos por letras e descubra a resposta da adivinha.

INSTRUMENTOS NA ARTE

A BA TA QUE

_____

RIM BE BAU

_____

GÔ A GO

_____

▼ Você conhece esses instrumentos?
▼ Sabe dizer o nome deles?

Esses instrumentos são tocados para acompanhar a música na roda de capoeira.

Observe as imagens, desembaralhe as sílabas, copie as letras nos espaços e descubra o nome desses instrumentos.

TAREFA PARA CASA 5

▶ **JOGO DANÇADO**

A RODA VAI COMEÇAR

SUBIU AO CÉU ZUMBI
ABERRÊ E PARANÁ,
TAMBÉM SUBIU MESTRE BIMBA
E BESOURO MANGANGÁ

LÁ NO CÉU TEM CAPOEIRA,
UMA ESTRELA ME FALOU.
QUANDO RONCA A TROVOADA
É QUE A RODA COMEÇOU

JOGA BESOURO, ZUMBI
MESTRE BIMBA E PARANÁ
A RODA ESTAVA ANIMADA
TODO MUNDO A ESPIAR. [...]

ABADÁ CAPOEIRA.

Ouça a letra da música que o professor lerá.

No quadro menor, copie da lousa a palavra **CAPOEIRA** e circule a primeira letra dela. Depois, no quadro maior, escreva da maneira que souber outras palavras que se iniciem com a letra que você circulou.

▼ Quais palavras você escreveu?

Em uma folha à parte, faça um desenho para representar uma roda de capoeira e exponha-o no mural da sala.

QUE DANÇA É ESSA?

DANÇA TÍPICA DE PERNAMBUCO.

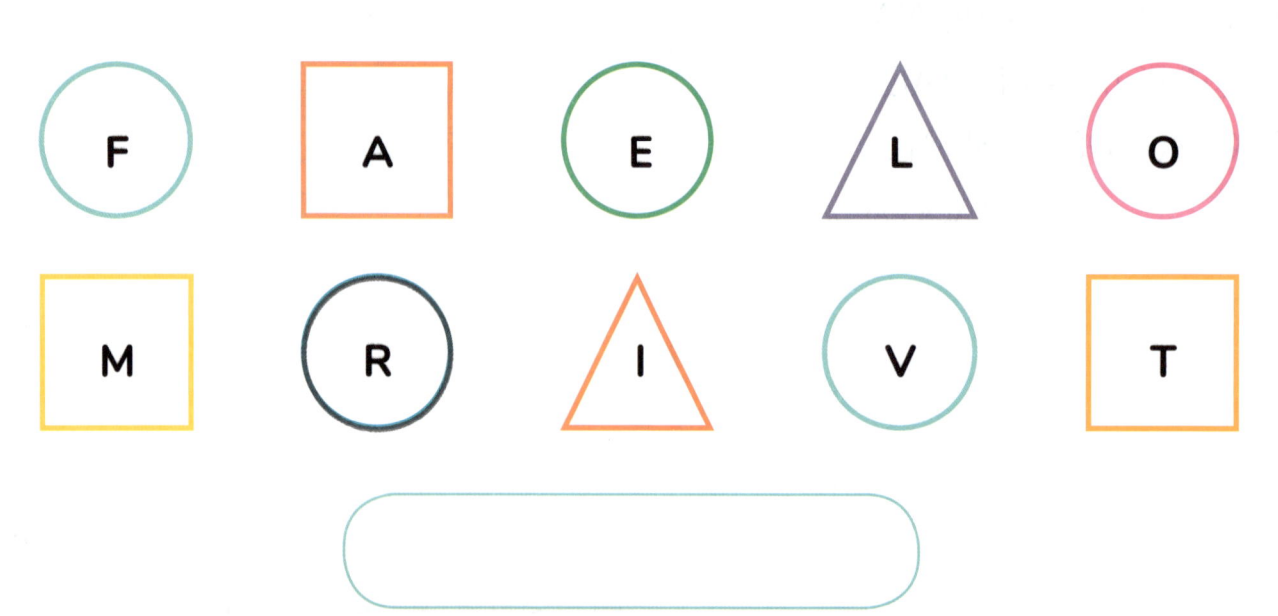

F A E L O

M R I V T

▼ Você conhece a dança representada na imagem? Sabe o nome dela?
Copie no quadro as letras que estão nos círculos e descubra o nome dessa dança.

▼ Que objeto é característico dessa dança?
Com a ajuda do professor, pesquise outras informações sobre a dança do frevo.

PASSOS, ACROBACIAS E ARTE

MUITOS PASSOS PRA DANÇAR
UMA SOMBRINHA PRA ACOMPANHAR.
É ASSIM, O FREVO A ENCANTAR
PELAS RUAS POR ONDE VAI PASSAR.

TEXTO ESCRITO ESPECIALMENTE PARA ESTA OBRA.

CIBELE QUEIROZ

▼ Você sabia que o frevo é uma dança que tem muitos passos e coreografias?

A sombrinha é o objeto que acompanha os passistas em suas acrobacias, é um símbolo do frevo. Use giz de cera para pintar a sombrinha de acordo com as cores indicadas.

Depois, em uma folha à parte, escreva da maneira que souber o nome das cores que você usou para pintar a sombrinha.

▶ TEM ARTE NA HISTÓRIA

Ana Maria Machado

Menina bonita do laço de fita

ilustrações
Claudius

EDITORA ÁTICA

Observe a imagem da capa do livro.
▼ O que é possível identificar com facilidade nessa capa?
▼ Quem escreveu esse livro?
▼ Qual é o nome da história?
▼ Em sua opinião, qual é o assunto dessa história?

Com canetinha hidrocor de cores diferentes, circule o nome da história e o nome da autora.

▶ HORA DA HISTÓRIA

ERA UMA VEZ UMA 👧 LINDA, LINDA.

OS 👁️ 👁️ DELA PARECIAM DUAS ⚫⚫, DAQUELAS BEM BRILHANTES. OS CABELOS ERAM ENROLADINHOS E BEM NEGROS, FEITO FIAPOS DA NOITE.

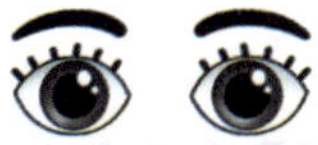

A PELE ERA ESCURA E LUSTROSA, QUE NEM PELO DA 🐆 QUANDO PULA NA CHUVA.

AINDA POR CIMA, A MÃE GOSTAVA DE FAZER TRANCINHAS NO CABELO DELA E ENFEITAR COM 🎀 COLORIDA. [...]

DO LADO DA 🏠 DELA MORAVA UM 🐰, DE 👂, 👀 E FOCINHO NERVOSO SEMPRE TREMELICANDO. O 🐰 ACHAVA A 👧 A PESSOA MAIS LINDA QUE ELE TINHA VISTO NA VIDA. [...]

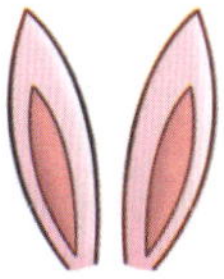

POR ISSO, UM DIA ELE FOI ATÉ A 🏠 DA 👧 E PERGUNTOU:

— 👧 BONITA DO 🎀, QUAL É TEU SEGREDO PRA SER TÃO PRETINHA?

A 👧 NÃO SABIA, MAS INVENTOU:

— AH, DEVE SER PORQUE EU CAÍ NA  TINTA QUANDO ERA PEQUENINA [...]

ANA MARIA MACHADO. **MENINA BONITA DO LAÇO DE FITA**. 9. ED. SÃO PAULO: ÁTICA, 2011. P. 3-4, 7-8.

Ouça a história que o professor lerá. Trata-se de parte da história do livro cuja capa você observou na página anterior.

Substitua os desenhos do texto pelas respectivas palavras e descubra a resposta à pergunta do coelho. Diga em voz alta o que você descobriu.

▼ Qual era o segredo da menina?

A ARTE DE IMAGINAR E CRIAR

[...]
— MENINA BONITA DO LAÇO DE FITA, QUAL É TEU SEGREDO PRA SER TÃO PRETINHA? [...]

ANA MARIA MACHADO. **MENINA BONITA DO LAÇO DE FITA.** 9. ED. SÃO PAULO: ÁTICA, 2011. P. 8.

▼ Você se lembra do que a menina inventou para responder à pergunta do coelho?
Ouça novamente a história da página anterior que o professor lerá.
▼ O que você inventaria para responder à pergunta do coelho?
Usando giz de cera, faça um desenho para responder a essa pergunta. Depois, escreva no quadro, da maneira que souber, o que você inventou.

LETRAS E PALAVRAS

(menina)	M __ N __ N __	
(menino)	M __ ~ __	
(coelho)	C __ __ LH __	
(casa)	C __ S __	
(pantera)	P __ NT __ R __	

Complete as palavras da história com as letras que estão faltando. Depois, copie as palavras formadas no espaço em branco e leia-as em voz alta.

Em uma folha à parte, escreva da maneira que souber outras palavras iniciadas com a mesma letra da palavra **MENINA**.

TAREFA PARA CASA 6

ARTE E ESCULTURA

BELIRIA BONI. **PULANDO CORDA**, 2016. ESCULTURA ALTERNATIVA RÍGIDA, 33 CM × 36 CM × 18 CM.

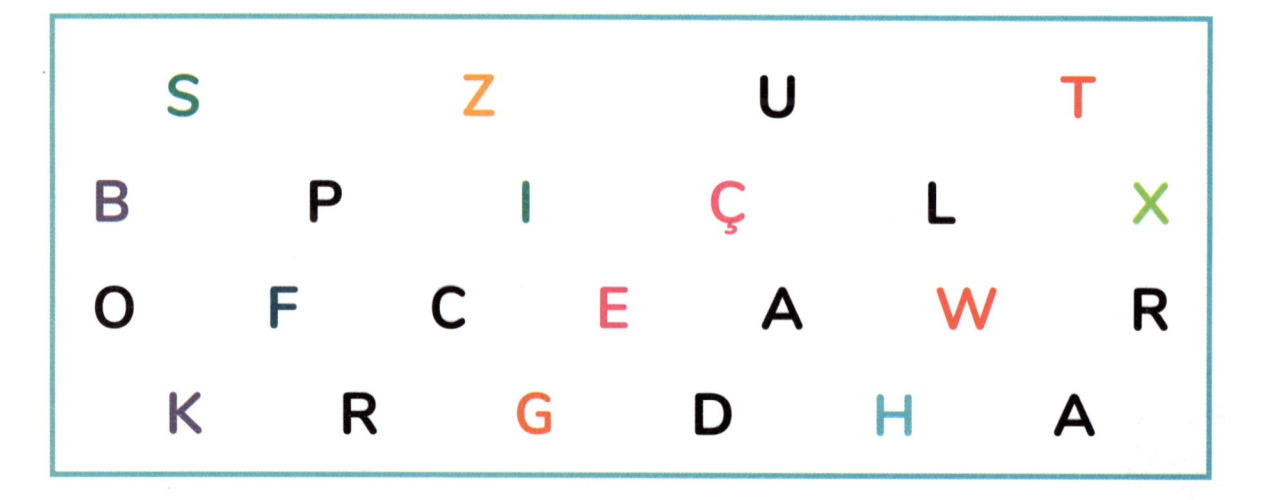

S	Z	U	T
B	P	I	Ç	L	X
O	F	C	E	A	W	R
K	R	G	D	H	A

_____ _____ _____ _____ _____ _____ _____

▼ O que as crianças estão fazendo na escultura?
Identifique a brincadeira representada na escultura. Com a ajuda do professor, use o alfabeto móvel e organize as letras do quadro que têm a mesma cor para formar o nome da brincadeira. Depois, copie uma letra em cada tracinho acima.

ESCULTURA NO PAPEL

▼ Se você fosse fazer a escultura de uma brincadeira, qual escolheria?

Usando argila, faça uma escultura para representar uma brincadeira. Deixe-a secar e pinte-a com tinta guache. Depois, com tinta guache e pincel, desenhe no quadro acima a escultura que você fez. Dê um nome a ela e registre-o da maneira que souber.

▼ Você gostou mais de fazer a escultura com argila ou de desenhar com tinta e pincel?

▶ A ARTE DO CORDEL

A BAGUNÇA DOS BRINQUEDOS [...]

[...] QUAL NÃO FOI MINHA SURPRESA
QUANDO VI A DISCUSSÃO
ENTRE UM MONTE DE BRINQUEDOS
NA MAIOR AGITAÇÃO!
UNS GRITAVAM, OUTROS RIAM
ERA GRANDE A CONFUSÃO! [...]

MARIANE BIGIO; ILUSTRAÇÕES: RAFAEL LIMAVERDE. **O BAÚ DE SURPRESAS**. FORTALEZA: IMEPH, 2015. P. 24.

▼ Você sabia que o cordel também é um jeito de contar histórias?

Ouça parte do cordel que o professor lerá. Depois, observe as figuras dos brinquedos e, com a ajuda do professor, escreva o nome deles.

▶ A ARTE DE CRIAR ESCREVENDO

ILUSTRAÇÕES: MARCOS MACHADO

BONECO

PIÃO

PETECA

CATA-VENTO

▼ Você já criou palavras?
Crie novas palavras usando as letras do nome de cada brinquedo indicado. Use o alfabeto móvel como auxílio.

▶ LENDA CONTADA EM FORMA DE CORDEL

BOTO-COR-DE-ROSA

SOU BICHO QUE VIVE N'ÁGUA
MAS A NOITE QUANDO VEM
ME TRANSFORMA NUM HUMANO
TÃO BELO COMO NINGUÉM
DEPOIS DE BAILAR COM AS MOÇAS
VOLTO AO RIO E DURMO BEM...

CURUPIRA

EU SOU PROTETOR DAS MATAS
DE TODOS OS ANIMAIS
NÃO GOSTO DE QUEM DESTRÓI
QUEM POLUI EU VOU ATRÁS
EU DESPISTO OS CAÇADORES
C'OS PÉS VIRADOS PRA TRÁS... [...]

MARIANE BIGIO. **ADIVINHAS EM CORDEL.** DISPONÍVEL EM: HTTPS://LABEDU.ORG.BR/COMO-APRESENTAR-A-LITERATURA-DE-CORDEL-PARA-AS-CRIANCAS-CORDEIS-INFANTIL-VIDEOS/. ACESSO EM: 20 JAN. 2020.

ILUSTRAÇÕES: MARCOS MACHADO

▼ Você já ouviu a declamação de um cordel?

Ouça a leitura do cordel que o professor fará. Depois, com os colegas, memorize os trechos do cordel e faça uma apresentação para a turma.

Por fim, ligue cada estrofe ao respectivo personagem e, depois, pinte-os.

▶ GRANDES ARTISTAS

PIERRE-AUGUSTE RENOIR. **ROSA E AZUL**, 1881. ÓLEO SOBRE TELA, 119 CM × 74 CM.

MUSEU DE ARTE DE SÃO PAULO/MASP, SÃO PAULO

Leia o nome dessa obra de arte com os colegas e o professor e escreva-o usando o alfabeto móvel.
▼ Por que você acha que ele deu esse nome à tela?
▼ Que outro nome você daria a essa tela?

Escreva-o nas linhas da maneira que souber. Depois, em uma folha à parte, faça uma releitura da obra usando tinta guache e pincel.

ARTE NA PONTA DO PINCEL

▼ Você admira a pintura em tela?
▼ Já viu alguma tela que chamou sua atenção?
▼ O que estava sendo representado?

Usando tinta guache e pincel, crie uma obra de arte. Depois, assine seu nome e dê um título para sua pintura.

Apresente o trabalho aos colegas e ao professor.

ARTE EM FORMA DE HISTÓRIA

RITA VESTE ROSA.
ANA VESTE AZUL.
MARIETA, A BORBOLETA,
USA AZUL E USA ROSA.
LINDAS MENINAS EM ROSA E AZUL.
ROUPAS BONITAS DE PASSEAR. [...]
UM PINTOR, COM PINCEL E TINTA,
DEPRESSA PINTA AQUELA BELEZA. [...]

MÉRCIA MARIA LEITÃO; NEIDE DUARTE. **RENOIR E A BORBOLETA MARIETA**. SÃO PAULO: EDITORA DO BRASIL, 2009. P. 4-7, 15.

O texto apresenta a obra de arte de Pierre-Auguste Renoir que vimos anteriormente.

▼ Quais são os personagens que aparecem no texto?

Encontre-os e circule as palavras. Agora, observe duas palavras em destaque no texto: elas têm o mesmo som final. Com a ajuda do professor, leia-as em voz alta e escreva no quadro outras palavras que apresentem esse mesmo som final.

UNIDADE 4

HISTÓRIAS QUE QUEREMOS CONTAR

○ O que você é capaz de descobrir observando a imagem destas páginas? Destaque as figuras da página 185 do encarte e cole-as nos locais indicados.

○ Você sabe de que história esses personagens fazem parte? Se sim, diga o nome de cada personagem e conte aos colegas e ao professor o que você sabe da história deles.

CONTANDO UM CONTO

OS MÚSICOS DE BREMEN

ERA UMA VEZ UM BURRO QUE TRABALHOU ANOS CARREGANDO SACOS DE GRÃOS. AGORA, JÁ VELHO, ESTAVA LARGADO PELO SEU DONO, QUE NEM COMIDA LHE DAVA, ACHANDO QUE ELE NÃO SERVIA PARA MAIS NADA. ENTÃO, ELE RESOLVEU FUGIR E DISSE:

— VOU PARA BREMEN GANHAR A VIDA COMO MÚSICO!

PARTIU. NO CAMINHO, ENCONTROU UM CÃO DE CAÇA, QUE POR ESTAR VELHO TAMBÉM ESTAVA CONDENADO À MORTE. O BURRO ENTÃO O CONVIDOU A IR PARA BREMEN. O CÃO ACEITOU.

ENCONTRARAM ENTÃO UM POBRE GATO, TRISTE E DESANIMADO PORQUE SUA DONA QUERIA AFOGÁ-LO POR ESTAR VELHO E COM OS DENTES GASTOS.

O BURRO FALOU:

— TENHO UMA IDEIA! VENHA COM A GENTE. VAMOS PARA BREMEN GANHAR A VIDA COMO MÚSICOS! — O GATO ACEITOU.

AINDA NO CAMINHO ENCONTRARAM O GALO. CANTAVA EMPOLEIRADO, DESAFINANDO UMA CANÇÃO, CHAMANDO BOM TEMPO E PENSANDO QUE NO OUTRO DIA VIRARIA UM BELO ASSADO.

O BURRO FICOU COMOVIDO E CONVIDOU O GALO A ACOMPANHÁ-LOS. LÁ SE FORAM OS QUATRO PELO CAMINHO, QUE ERA MUITO LONGO. JÁ ANOITECIA, QUANDO SENTIRAM FOME E RESOLVERAM PARAR EM UMA CASA À BEIRA DA ESTRADA.

▼ Você conhece a história **Os músicos de Bremen**? Acompanhe a leitura do professor.

LÁ DENTRO, ESTAVA UM GRUPO DE LADRÕES À VOLTA DA MESA COMENDO.

INVENTARAM, ENTÃO, UM PLANO PARA ESPANTAR OS LADRÕES. O CÃO SUBIU NO DORSO DO BURRO, O GATO NO PESCOÇO DO CÃO E O GALO NA CABEÇA DO GATO. JUNTOS, ENTRARAM NA CASA COM UM ESTRONDO, CANTANDO E ASSUSTANDO OS LADRÕES. ELES FUGIRAM SEM OLHAR PARA TRÁS, ACHANDO QUE APARECERA UM MONSTRO DE QUATRO CABEÇAS.

OS QUATRO AMIGOS GOSTARAM TANTO DAQUELE LUGAR QUE DESISTIRAM DE IR PARA BREMEN E LÁ FICARAM A MORAR!

HISTÓRIA DOS IRMÃOS GRIMM RECONTADA PELAS AUTORAS.

▼ Que parte do conto a imagem representa?

Pinte os personagens da história. Depois, ouça-a novamente e reconte para os colegas a parte de que mais gostou.

ANIMAIS MÚSICOS

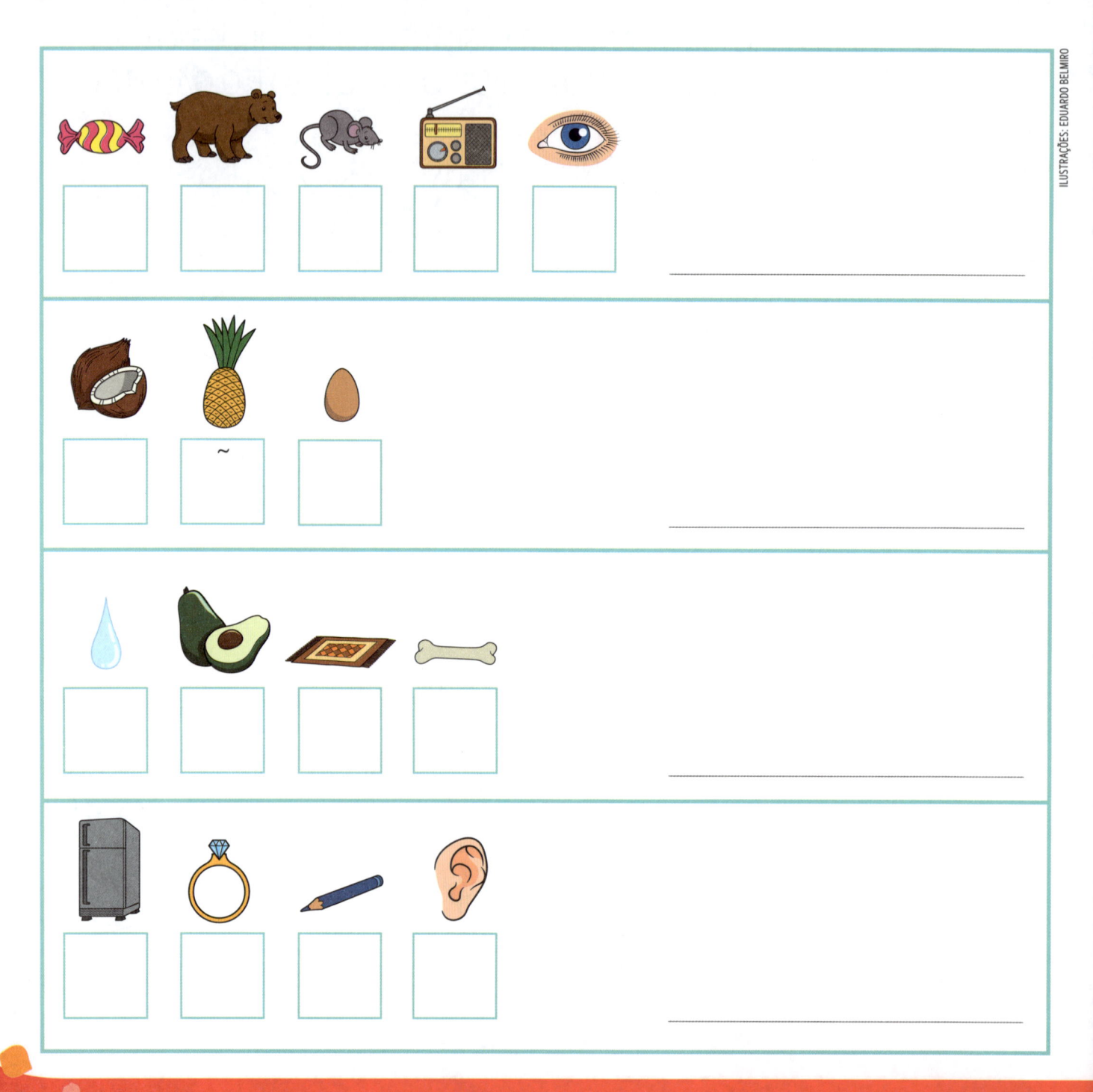

▼ Que animais resolveram ser músicos em Bremen?
▼ Por que eles quiseram ir para Bremen?
  Escreva nos quadrinhos a primeira letra do nome de cada figura e forme o nome dos animais da história **Os músicos de Bremen**. Depois, copie a palavra formada na linha ao lado.

QUEM SÃO ELES?

CANTAVA EMPOLEIRADO.

ESTAVA DESDENTADO.

CARREGAVA SACOS PESADOS.

ERA CAÇADOR.

Leia as frases com a ajuda do professor, descubra a qual personagem cada uma se refere e ligue-as a ele.
▼ Você acha que os personagens tiveram um final feliz?
▼ O que será que aconteceu depois?

NOVAS PALAVRAS

BURRO

_____
_____
_____
_____

GALO

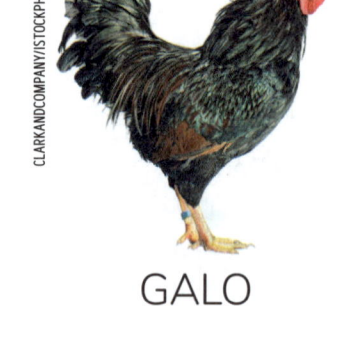

| T | C | R |
| G | T | D |

____ALO   ____ALO   ____ALO

GA____O   GA____O   GA____O

▼ Com que letra se inicia a palavra **BURRO**?
Escreva outras palavras que iniciam com a mesma letra.
Agora, observe a palavra **GALO**. Se trocarmos algumas letras dela, teremos novas palavras. Com a ajuda do professor, complete os tracinhos com as letras em destaque.

ENCONTRANDO AS DIFERENÇAS

ILUSTRAÇÕES: MARCOS MACHADO

Observe as cenas e descubra sete objetos diferentes na segunda imagem, marcando-os com um **X**.

Depois, escreva da maneira que souber, o nome dos objetos que você encontrou. Use as letras do alfabeto móvel como auxílio.

89

QUE INSTRUMENTO É ESTE?

AFINANDO VIOLINO

TOCO LINO
VIOFINO
TOCO VIO
FONOLINO
VIO TOCO
LINOFINO
TOCO FINO
VIOLINO.

SÉRGIO CAPPARELLI. **TIGRES NO QUINTAL.** PORTO ALEGRE: KUARUP, 1997. P. 57.

Leia o poema com a ajuda do professor.
▼ A qual instrumento musical ele se refere?
▼ Você já tocou violino ou viu alguém tocar?
Pinte o instrumento e escreva o nome dele no quadro.

QUAL É O SOM?

VIOLINO

VEADO

VIDRO

VIOLETA

PIANO

VACA

BORBOLETA

▼ Você reconhece os sons iguais nas palavras?
Fale em voz alta o nome de cada imagem representada.
Depois, circule as palavras que iniciam com o mesmo som e sublinhe as que têm o mesmo som final.

▶ COM VOCÊS... O PIANO

PIANO ALEMÃO

VENDO URGENTE
MUITO URGENTE
UM PIANO
ALEMÃO

ELE TOCA
FINO OU GROSSO
EM QUALQUER
OCASIÃO

TOCA ÓPERA
TANGO, SAMBA
ELE TOCA
SEM TER MÃOS

TOCA SEMPRE
SÓ NÃO PIA
MAS É PIANO
ALEMÃO.

SÉRGIO CAPPARELLI. **TIGRES NO QUINTAL**. PORTO ALEGRE: KUARUP, 1997. P. 93.

PIANO

Leia o poema com a ajuda do professor e, depois, recite-o com os colegas.
▼ Você já viu um piano de perto?
▼ De que cores são as teclas dele?

Com o alfabeto móvel, forme palavras usando as letras da palavra **PIANO** e escreva-as nas linhas.

AGORA É COM VOCÊ!

PIANO

▼ Que outras palavras rimam com piano?

Converse com os colegas e o professor e descubram juntos outras palavras com o mesmo som final de **PIANO**.

Use o alfabeto móvel como auxílio e registre com desenhos as palavras descobertas.

▶ UM CONTO DE DAR GOSTO!

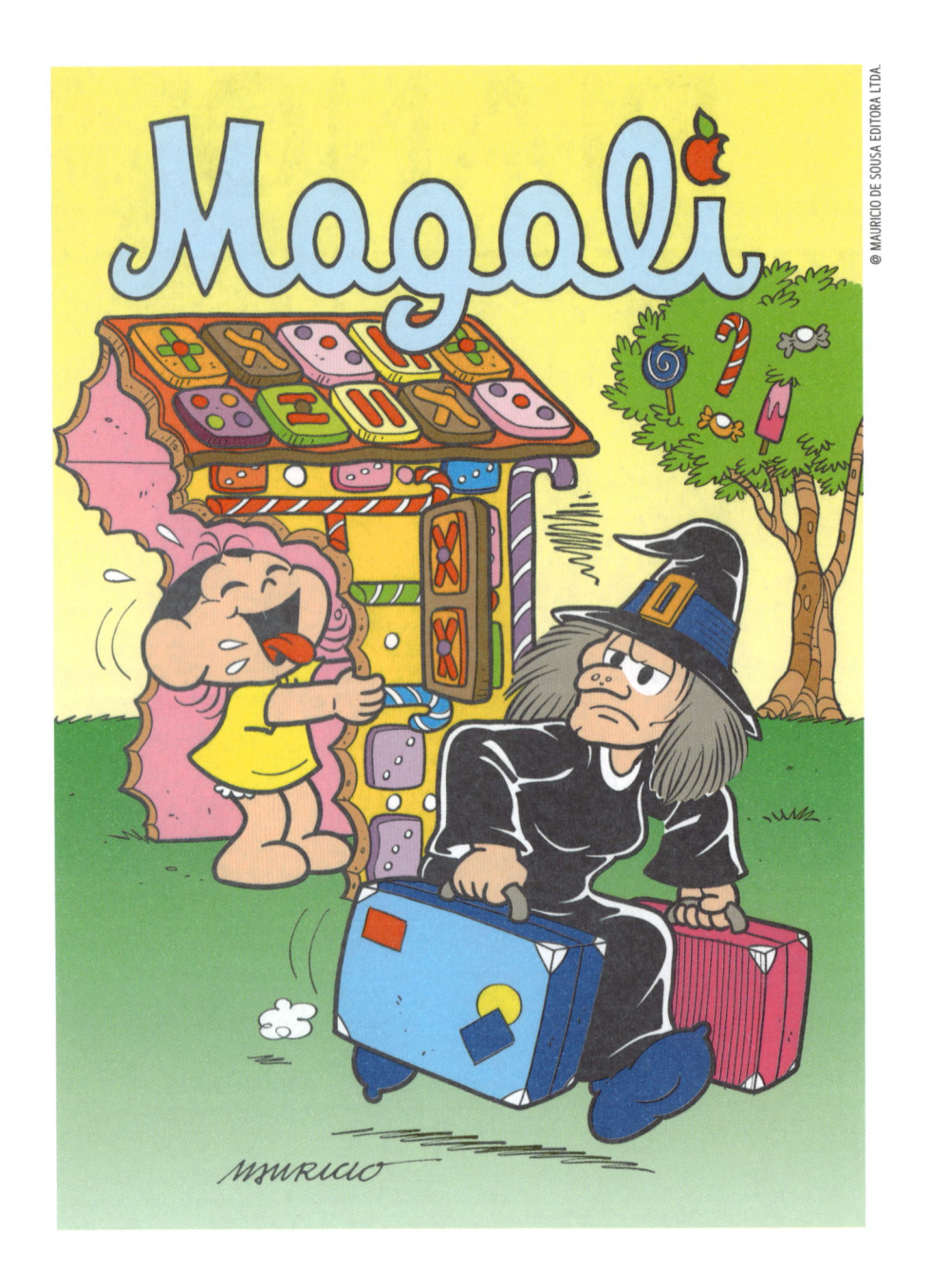

_____

Observe a capa do gibi e descreva o que você vê.
▼ A qual conto ela se refere?

Ouça a história que o professor contará e, depois, escreva o nome dela no espaço indicado. Coloque uma letra em cada tracinho.

▶ **LEITURA E OBSERVAÇÃO**

ÁRVORE

MALA

BISCOITO

CAMA

PIRULITO

CASA

MACACO

CACHORRO

MAGALI

PICOLÉ

BRUXA

MÔNICA

CHAPÉU

GATO

BOMBOM

Leia as palavras, com a ajuda do professor, e circule somente as que nomeiam itens que apareceram na capa do gibi, na página anterior.

▼ Que tal escolher uma dessas palavras e ilustrá-la em uma folha à parte?

SE A CASINHA DE DOCES FOSSE MINHA...

▼ Se a casinha de doces fosse sua, que doces você usaria para construí-la?

Desenhe seis doces e escreva o nome deles da maneira que souber.

O CAMINHO DAS CRIANÇAS

PÃO

CENOURA

BATATA

ARROZ

ALFACE

PIRULITO

PICOLÉ

BOMBOM

BALA

PAÇOCA

Leve João e Maria até a casinha feita de doces pelo caminho de doces. Siga as placas com o nome deles.
▼ Que palavras você encontrou?
Leia-as com os colegas e o professor.

UM NOVO FINAL

Ouça novamente a história de João e Maria e, com os colegas, reconte a história criando um novo final para ela. O professor registrará as ideias.

Depois de pronto o texto, o professor entregará uma cópia dele a você. Cole-a nesta página.

SAPATINHO DE CRISTAL

CINDERELA

ERA UMA VEZ UMA LINDA MENINA QUE VIVIA EM SEU CASTELO COM UMA MADRASTA MUITO MÁ. A MADRASTA TINHA DUAS FILHAS QUE TAMBÉM VIVIAM COM ELA.

COMO A MADRASTA NÃO GOSTAVA DE CINDERELA, FAZIA-A TRABALHAR LIMPANDO O CASTELO, LAVANDO ROUPAS, COZINHANDO. NÃO DEIXAVA CINDERELA SOSSEGADA. AS FILHAS TAMBÉM NÃO GOSTAVAM DE CINDERELA E FAZIAM POUCO DELA.

UM DIA, O PRÍNCIPE DO REINO CONVIDOU-AS PARA UM BAILE, POIS PRETENDIA CASAR-SE E PARA ISSO PRECISAVA ENCONTRAR UMA NOIVA.

AO RECEBEREM O CONVITE, MADRASTA E FILHAS COMEÇARAM A SE ARRUMAR. CINDERELA AJUDOU-AS A VESTIREM-SE E PERFUMAREM-SE E FOI DAR CONTA DE SUAS TAREFAS DOMÉSTICAS, POIS SUA MADRASTA MANDOU QUE TRABALHASSE EM VEZ DE IR AO BAILE.

CHEGOU A HORA DO BAILE E, ENQUANTO PARTIAM, CINDERELA CHORAVA PENSANDO QUE TAMBÉM GOSTARIA DE TER IDO. FOI QUANDO APARECEU A FADA MADRINHA, QUE LOGO PROVIDENCIOU UM LINDO VESTIDO E UMA CARRUAGEM.

PARA COMBINAR, CINDERELA GANHOU SAPATINHOS DE CRISTAL E UMA RECOMENDAÇÃO DA SUA FADA MADRINHA:

— VÁ E DIVIRTA-SE, MAS VOLTE ANTES DE DAR MEIA-NOITE, POIS O ENCANTO SE DESFARÁ E VOCÊ VOLTARÁ A SER A MENINA SIMPLES DE SEMPRE.

▼ Você conhece a história da Cinderela? Acompanhe a leitura do professor.

AO CHEGAR AO BAILE, CINDERELA FOI NOTADA POR TODOS, INCLUSIVE PELO PRÍNCIPE, QUE DANÇOU COM ELA MUITAS VEZES.

O TEMPO PASSOU E MEIA-NOITE CHEGOU. CINDERELA, ASSUSTADA, LEMBROU-SE DO QUE A FADA TINHA DITO E SAIU CORRENDO, PERDENDO UM DE SEUS SAPATOS.

O PRÍNCIPE, QUE CORREU ATRÁS DELA, ENCONTROU O SAPATINHO CAÍDO NA ESCADA E RESOLVEU QUE SE CASARIA COM A DONA DELE.

DE CASA EM CASA, POR TODO O POVOADO, O PRÍNCIPE BUSCOU SUA AMADA. POR FIM, ENCONTROU O CASTELO ONDE MORAVA CINDERELA. SUA MADRASTA NÃO PERMITIU QUE ELA VISSE O PRÍNCIPE E TRANCOU-A NO PORÃO. ENQUANTO SUAS FILHAS PROVAVAM O SAPATINHO, CINDERELA CONSEGUIU SE SOLTAR.

NAS FILHAS DA MADRASTA, O SAPATINHO NÃO SERVIU. ENTÃO CINDERELA APARECEU E O PRÍNCIPE PEDIU QUE ELA PROVASSE O SAPATO. E QUAL NÃO FOI SUA SURPRESA AO PERCEBER QUE HAVIA ENCONTRADO A SUA NOIVA?

LOGO CASOU-SE COM ELA E VIVERAM FELIZES PARA SEMPRE.

CONTO DE FADAS REESCRITO PELAS AUTORAS.

MARCOS DE MELLO

▼ De que parte do conto você mais gostou?
Marque com um **X** apenas os personagens do conto **Cinderela**.
▼ Em qual história aparece o personagem que não foi assinalado?

TAREFA PARA CASA 7

VARINHA MÁGICA

MARCOS DE MELLO

▼ Que personagem é essa?
▼ Em que momento do conto ela aparece?
▼ O que ela faz?

Escreva o nome dela no quadro. Depois, pinte-a e complete o encanto colando *glitter* ao redor da varinha mágica.

CINDERELA, ELA, ELA

CINDERELA

BAGAGEM

CASTELO

AQUARELA

CARRUAGEM

RATINHOS

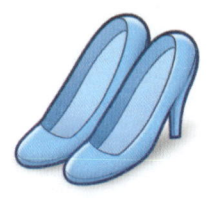

SAPATINHOS

CHINELO

Encontre as palavras que rimam e circule-as com a mesma cor.

Depois, escolha uma dessas palavras e apresente uma nova rima para ela.

QUAIS SÃO AS PALAVRAS?

| A | D | A | F |

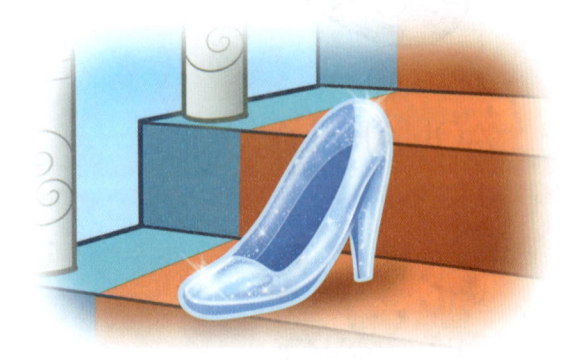

_____

| A | P | A | O | S | T |

_____

| A | C | E | S | T | O | L |

_____

Descubra as palavras ordenando as letras corretamente.

Depois, com um colega, escolha uma das palavras que você descobriu e escreva duas outras palavras com a letra inicial dela. Registre-as em uma folha à parte, da maneira que souber, e leia-as para a turma.

Use o alfabeto móvel como auxílio.

SER CIDADÃO

▶ **DIA DOS AVÓS**

CRIANÇAS DE CURITIBA PARTICIPAM DE AÇÃO NACIONAL DE SOLIDARIEDADE A IDOSOS

NA SEMANA EM QUE SE COMEMORA O DIA DOS AVÓS, MAIS DE 150 MIL VOLUNTÁRIOS MIRINS E JOVENS EM TODO O BRASIL REALIZARÃO UMA AÇÃO COORDENADA PARA LEVAR SOLIDARIEDADE, CARINHO E PRESTAÇÃO DE SERVIÇO PARA IDOSOS EM SITUAÇÃO DE VULNERABILIDADE SOCIAL. [...] LÍDERES COMUNITÁRIOS AJUDARÃO OS PEQUENOS VOLUNTÁRIOS A ENTREGAR PRESENTES [...], CANTAR, CONTAR HISTÓRIA, EXPRESSAR AMOR, CARINHO E MUITA ALEGRIA. [...]

CRIANÇAS DE CURITIBA [...]. **BEM PARANÁ**, CURITIBA, 25 JUL. 2019. DISPONÍVEL EM: WWW.BEMPARANA.COM.BR/NOTICIA/CRIANCAS-DE-CURITIBA-PARTICIPAM-DE-ACAO-NACIONAL-DE-SOLIDARIEDADE-A-IDOSOS#.XI4EBGHKG2W. ACESSO EM: 28 JAN. 2020.

Ouça o trecho da reportagem que o professor lerá e veja o que crianças e jovens estão fazendo para levar alegria, amor e diversão a idosos.

Depois, em uma folha à parte, escreva da maneira que souber uma história para ser contada a alguém. Caso tenha um familiar idoso, conte-a para ele.

TAREFA PARA CASA 8

UNIDADE 5

COMO A NATUREZA DEVE SER

- Como você acha que a natureza deve ser?
  Destaque da página 187 do encarte apenas as figuras que representam a preservação do meio ambiente e cole-as nos espaços para completar a manifestação das crianças em prol da preservação da natureza.

- Que sugestões as crianças dessa abertura nos dão?

- Como podemos contribuir para preservar a natureza?

107

DIA MUNDIAL DA ÁGUA!

CARTAZ "DIA MUNDIAL DA ÁGUA", 2019. CAMPANHA DO GOVERNO DO ESTADO DO PARANÁ PARA O DIA MUNDIAL DA ÁGUA.

Observe o cartaz.
▼ Por que devemos cuidar bem da água do planeta?
▼ Você acha que a água faria falta em sua vida? Por quê?
Procure a palavra **ÁGUA** no cartaz e circule-a com canetinha hidrocor todas as vezes que encontrá-la.

▶ AS IMAGENS FALAM

ILUSTRAÇÕES: HENRIQUE BRUM

Observe as imagens e os símbolos acima e converse sobre eles com os colegas e o professor.
▼ Em sua opinião, que mensagem essas imagens transmitem?
▼ É possível transmitir uma mensagem usando apenas símbolos e figuras?

Em uma folha à parte, faça um símbolo ou uma figura para representar o que você pensa sobre o consumo de água.

ÁGUA PARA MUITAS COISAS

ÁGUA

OLHA A ÁGUA
PRA MATAR A NOSSA SEDE
PRA MOLHAR A NOSSA CASA
PRA REGAR AS NOSSAS PLANTAS
PRA CHOVER DE MADRUGADA

SE É POUCO É UMA GOTA
É UM PINGO, UMA LÁGRIMA,
SE É MUITO VIRA RIO, CACHOEIRA
VIRA LAGO, VIRA MAR
ÁGUA QUE A GENTE TEM QUE ECONOMIZAR

OLHA A ÁGUA
PODE SER UM OCEANO
PODE SER UM MAR INTEIRO
PODE SER AQUELE BANHO
QUE EU TOMO NO CHUVEIRO

QUANDO CHOVE VIRA NUVEM
E DESPENCA LÁ NO CÉU [...]

TURMINHA DO TIO MARCELO.

Leia a letra da música com os colegas e o professor. Depois, destaque as figuras da página 193 do encarte e enfeite esta página com elas.

Escute novamente a leitura da letra da música e, quando o professor indicar, circule no texto a última palavra lida.

▼ Em que lugares podemos encontrar água?

COMO UTILIZAMOS A ÁGUA?

▼ Você sabe como a água pode ser utilizada?
▼ Como você usa a água em sua casa?

Em cada quadro, pinte as cenas e escreva, da maneira que souber, o modo representado de como utilizamos a água no dia a dia.

SER CIDADÃO

▶ **CUIDANDO DA ÁGUA E DO MEIO AMBIENTE**

_____

_____

_____

_____

Observe as cenas e escreva, com a ajuda do professor, o que cada uma delas quer dizer.

▼ As pessoas representadas estão desperdiçando água?
▼ Você e sua família procuram economizar água?
▼ Que ações devemos adotar para ajudar na conservação da água?

TAREFA PARA CASA 9

FAZENDO ARTE E DEIXANDO MENSAGEM

▼ Em sua opinião, o que aconteceria se toda a água do planeta terminasse?

Faça um cartaz mostrando a importância da água em nossa vida e escreva uma frase, da maneira que souber, que incentive as pessoas a preservá-la.

Em seguida, elabore com a turma cartazes maiores, em cartolina, que mostrem às pessoas o que elas podem fazer para não desperdiçar água. Depois, espalhe-os pela escola para que outras turmas leiam e ajudem a cuidar da água.

ELEMENTOS DA NATUREZA

ÁGUA.

SOL.

CHUVA.

MATA.

LAGO.

RIO.

▼ Você sabe o que são elementos naturais?

Leia as palavras, com a ajuda do professor, e descubra alguns exemplos. Depois, destaque as figuras da página 195 do encarte e cole-as nos lugares corretos, de acordo com o nome indicado.

▼ Você sabe qual é a importância desses elementos para a vida no planeta?

QUATRO ELEMENTOS ESSENCIAIS PARA A VIDA

Observe as imagens, encontre cinco diferenças entre elas e marque-as com um **X** na segunda imagem.

▼ Você sabe quais são os quatro elementos da natureza essenciais para a vida?

Circule na primeira cena o FOGO, o AR, a ÁGUA e a TERRA e registre em uma folha à parte, com a ajuda do professor, o nome desses quatro elementos.

115

▶ PRESERVANDO MATAS E FLORESTAS

[...] A FLORESTA NÃO REGAMOS
APENAS COM O REGADOR.
MAS SE NÃO CORTAM TANTA ÁRVORE,
SE NÃO FAZEM BESTEIRA,
VAMOS TER A VIDA INTEIRA
ALIMENTO, SOMBRA E FLOR. [...]

DAISY LUCAS. **BERNARDO: O MENINO QUE PENSA AZUL!** RIO DE JANEIRO: LETRAS E EXPRESSÕES, 2002. P. 15.

▼ Você sabe como preservar as florestas?

Converse com os colegas e o professor. Depois, ouça o poema que o professor lerá e sublinhe o verso que diz o que teremos a vida inteira se as árvores não forem cortadas.

Faça um desenho no quadro acima para representar o verso que você sublinhou.

MINHA FLORESTA DEVE SER ASSIM!

A preservação das florestas é muito importante para a sobrevivência dos seres humanos.

Desenhe uma floresta e decore-a da maneira que quiser. Você pode usar folhas secas, pedaços de galhos de árvores ou palito de picolé, terra etc.

Mostre seu trabalho à turma e, com a ajuda do professor, escreva em uma folha à parte o que você quis representar com ele.

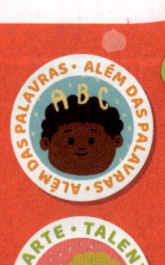

POLUIÇÃO DA ÁGUA

Quadrinho 1: — SOCORRO! UMA ÁGUA-VIVA!

Quadrinho 2: — NÃO É UMA ÁGUA-VIVA, CAROL! É SÓ UM SACO PLÁSTICO!

Quadrinho 3: — SOCORRO! POLUIÇÃO!

ZIRALDO. **MENINO MALUQUINHO**. TIRINHA.

▼ Você sabe o que significa **POLUIÇÃO**?
▼ É algo bom ou ruim?

Converse sobre o tema com os colegas e o professor. Depois, recorte, de jornais e revistas, figuras de elementos que podem poluir a água. Cole-as no quadro e escreva o nome delas.

POLUIÇÃO DO AR

ILUSTRAÇÕES: MARCO CORTEZ

▼ Você sabe o que pode poluir o ar que respiramos?

Pinte as cenas e descubra situações que contribuem para a poluição do ar. Depois, escreva da maneira que souber o que cada imagem representa.

CUIDANDO DA LIMPEZA E DA MÃE NATUREZA

RAP DA LIMPEZA

ESCUTE NOSSO GRITO,
NÃO É UM COCHICHO,
PAPEL E CASCA
SÓ SE PÕEM NO LIXO!!!
NÃO PARA SUJAR!
A ORDEM É LIMPAR,
A MÃE NATUREZA
DEVEMOS PRESERVAR!!!
NÃO PARA A SUJEIRA!
VIVA A LIXEIRA!
AGORA É SÓ LEMBRAR
QUE A ORDEM É CUIDAR
E SABER USAR!
VOCÊ VAI PODER VER
QUE A MÃE NATUREZA
SÓ VAI AGRADECER!!!

PATRÍCIA ENGEL SECCO.
NO PARQUE NOSSO VERDE.
SÃO PAULO: MELHORAMENTOS, 2006. P. 4.

SE LIGUE NA REDE

O estilo musical *rap* costuma ser acompanhado de um tipo de dança chamado *hip-hop*. Aprenda alguns passos dessa dança no endereço a seguir (acesso em: 30 jan. 2020).

▼ www.youtube.com/watch?v=Qz-HuXILG20

Com a ajuda do professor, leia o **Rap da limpeza** e pinte a imagem que o ilustra.
▼ Sobre o que é a letra dessa música?

Depois, com os colegas, elabore uma coreografia para dançar ao som de um *rap*. Vocês podem criar passos novos ou seguir os do vídeo sugerido.
▼ Você conhecia esse ritmo musical?

QUAIS SÃO AS RIMAS DO *RAP*?

COCHICHO   LIXEIRA

PRESERVAR   LIXO   SUJAR

SUJEIRA   LIMPAR   LEMBRAR

USAR   VER

CUIDAR   AGRADECER

Com a ajuda do professor, leia as palavras retiradas do *rap* da página anterior para descobrir aquelas que têm som final igual.

Depois, copie-as nas colunas seguindo a indicação de cores.

▼ Que palavras rimam?

DIAGRAMA DE PALAVRAS

1. NÃO PARA **SUJAR**
2. A ORDEM É **LIMPAR**
3. A MÃE **NATUREZA**
4. DEVEMOS **PRESERVAR**
5. NÃO PARA A **SUJEIRA**
6. VIVA A **LIXEIRA**

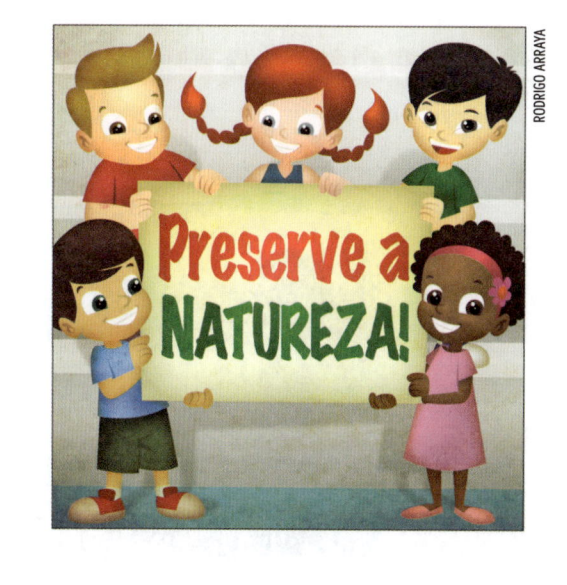

2) L _ _ P _ _
3) N _ _ _ E _ _ _
1) S _ _ _
6) L _ _ _ _ R _
5) S _ _ _ _ R _

Leia algumas frases retiradas da letra da música **Rap da limpeza**. Depois, observe a palavra destacada em cada linha e use-a para preencher o diagrama. Siga a indicação numérica.

▼ Que palavras do diagrama representam uma atitude que prejudica o meio ambiente?

TAREFA PARA CASA 10

RECICLANDO O LIXO

LIXO... que LIXO?

Vidro — Garrafa PET (Polietileno Tereftalato) — Cortiça — Pneu — CD — Papel — Aço — Alumínio

EDITORA do BRASIL

Observe o cartaz e leia a frase.

▼ Que materiais foram usados para escrever as letras das palavras **LIXO**?

Repare que cada letra foi formada com um material diferente. Com a ajuda do professor, escreva o nome desses materiais recicláveis.

COLETA SELETIVA

CADA MATERIAL RECICLÁVEL TEM DE IR PARA A LIXEIRA CORRETA.

NA VERDE, COLOCAMOS OS VIDROS; NA AZUL, OS PAPÉIS; NA AMARELA, OS METAIS; NA VERMELHA, OS PLÁSTICOS. NA LIXEIRA MARROM, DEPOSITAMOS O LIXO ORGÂNICO, QUE NÃO É RECICLÁVEL.

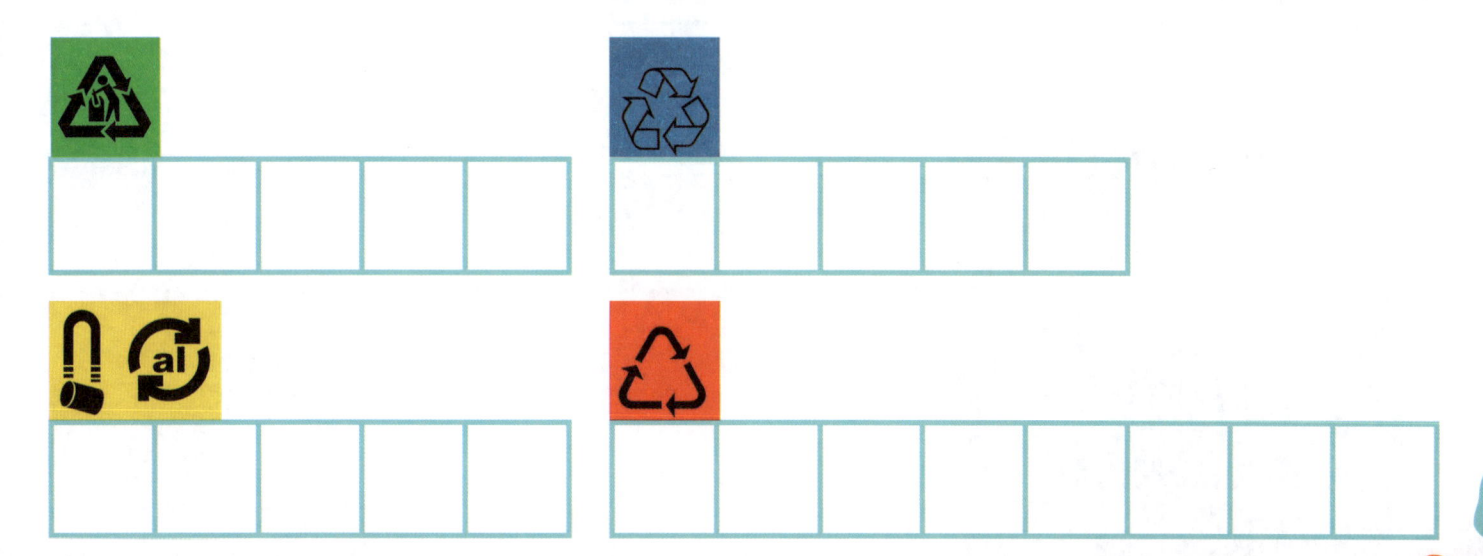

LIXO É TUDO O QUE **NÃO PODE SER** REAPROVEITADO OU RECICLADO. **RESÍDUO** É TUDO O QUE AINDA **PODE SER** REUTILIZADO, REAPROVEITADO OU RECICLADO.

ILUSTRAÇÕES: RODRIGO ARRAYA

Ouça a leitura do professor e converse com os colegas a respeito da coleta seletiva.

▼ Você já viu lixeiras como essas?
▼ Você sabia que na embalagem de alguns produtos há o símbolo da reciclagem?

Observe cada símbolo e escreva nos quadrinhos o nome do tipo de material que deve ser jogado na lixeira em que o símbolo aparece.

▶ PESQUISA DE CAMPO

VIDRO		
PAPEL		
METAL		
PLÁSTICO		
LIXO ORGÂNICO		

Faça um passeio pelo pátio da escola após o recreio e anote no caderno o nome de todo resíduo e lixo que você encontrar. Depois, na sala, preencha o quadro acima, com a ajuda do professor, para classificar o que foi encontrado.

▼ Você sabe o que é reciclagem?

O QUE PODEMOS RECICLAR?

J	O	R	N	A	L	W
Z	Z	T	R	I	X	Z
G	A	R	R	A	F	A
A	B	V	M	L	N	A
Y	M	A	R	A	M	E
I	O	P	V	C	X	B
P	A	P	E	L	Ã	O
N	B	B	G	Y	E	Q
N	L	A	T	A	G	Y

_____

_____

_____

▼ Você e seus familiares praticam a coleta seletiva em casa?
▼ Que materiais do dia a dia podem ser reciclados?
   Encontre e pinte no diagrama cinco nomes de materiais que normalmente temos em casa e que podem ser reciclados.
   Depois, escolha um deles e escreva, com os colegas, frases sobre a coleta e a reciclagem desse material.

JOGO MOLHADO COM GARRAFA PET

A TURMA DEVE SE ORGANIZAR EM GRUPOS DE 4 OU 5 CRIANÇAS. CADA EQUIPE DEVE TER UMA BOLA DE MEIA E UMA GARRAFA DE PLÁSTICO CHEIA DE ÁGUA E DESTAMPADA. ESSA GARRAFA SERÁ COLOCADA A DETERMINADA DISTÂNCIA, NA FRENTE DA FILA FORMADA PELA EQUIPE.

AO SINAL DO PROFESSOR, UM INTEGRANTE DE CADA EQUIPE DEVE ARREMESSAR A BOLA, TENTANDO DERRUBAR A PRÓPRIA GARRAFA. SE CONSEGUIR, A CRIANÇA DEVE CORRER PARA LEVANTÁ-LA, EVITANDO QUE SE ESVAZIE. O GRUPO DEVE CONTINUAR ARREMESSANDO A BOLA E DERRUBANDO A GARRAFA, MAS APENAS ENQUANTO HOUVER ÁGUA NELA. UMA PESSOA DEVE ANOTAR O NÚMERO DE DERRUBADAS DE CADA EQUIPE. GANHA O GRUPO QUE DERRUBAR MAIS VEZES A GARRAFA.

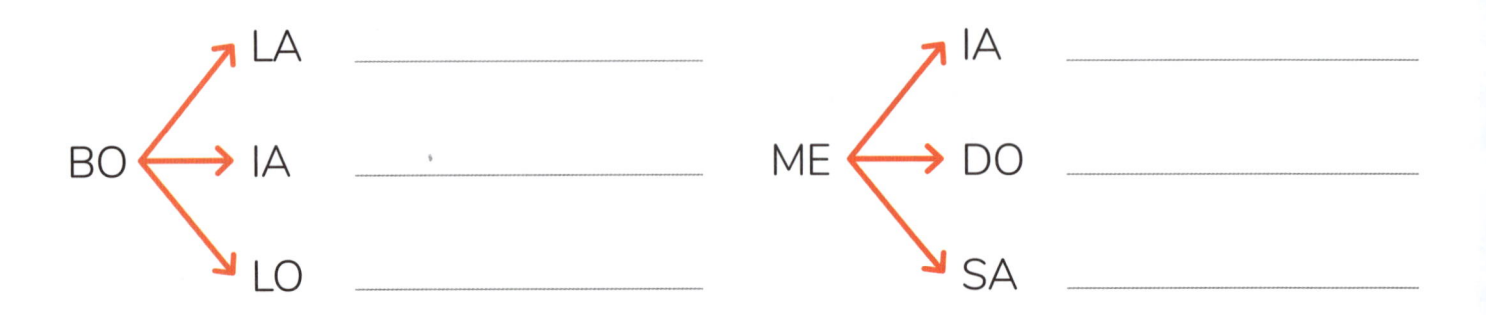

BO → LA _____
BO → IA _____
BO → LO _____

ME → IA _____
ME → DO _____
ME → SA _____

Brinque com os colegas de "jogo molhado com garrafa PET". Para isso, leia as regras da brincadeira com a ajuda do professor. Depois, observe as sílabas, siga as setas e forme palavras.

▼ Das palavras formadas, quais apareceram no texto?

▶ **TEXTO COLETIVO**

▼ Você gostou dos assuntos desta unidade?
Converse com os colegas e o professor e, juntos, elaborem um texto, em forma de panfleto, que incentive todas as crianças da escola a preservar o meio ambiente. Depois de pronto, cole-o aqui.

UNIDADE 6

QUE ATIVIDADES VOCÊ FAZ NO DIA A DIA?

- Como é seu dia?
- Que atividades você costuma fazer?

Converse sobre isso com os colegas e o professor.

Depois, use giz de cera colorido e desenhe nestas páginas as atividades que você costuma fazer ao longo do dia. Apresente à turma sua rotina.

- Das atividades que você desenhou, qual é a que você mais gosta de fazer? Circule-a.

▶ HORA DO ESPORTE

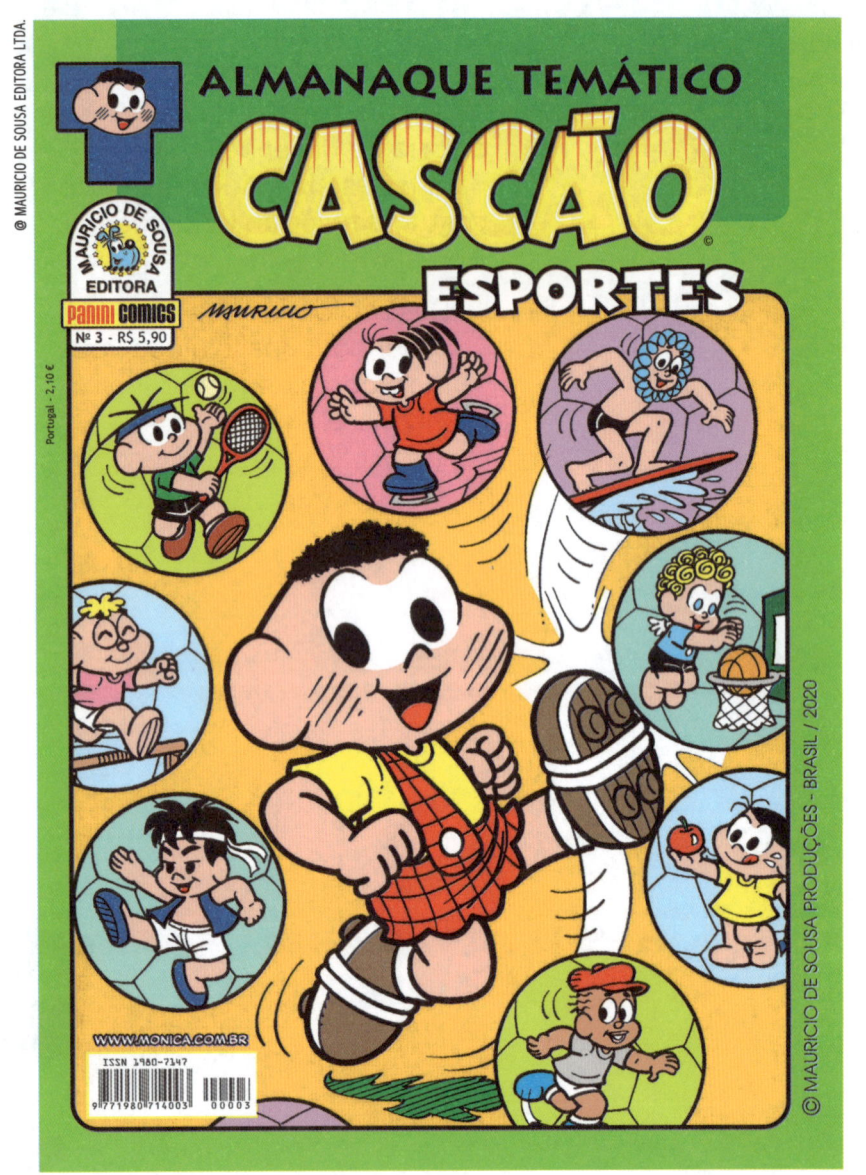

☐ REMO
☐ CARATÊ
☐ TÊNIS
☐ PATINAÇÃO
☐ SURFE
☐ SALTO COM VARA
☐ BASQUETE
☐ ATLETISMO
☐ VÔLEI
☐ FUTEBOL
☐ TÊNIS DE MESA
☐ CORRIDA COM OBSTÁCULOS

Observe a capa do gibi e descreva o que está acontecendo.
▼ Que esporte cada personagem está praticando?
Na lista apresentada, marque um **X** apenas no nome dos esportes que estão representados na capa do gibi.
▼ Que personagem não está praticando esporte? Circule-o.

ESPORTE FAVORITO

▼ Você pratica algum esporte? Qual?
Conte aos colegas e ao professor.
Depois, desenhe com pincel e tinta guache um esporte que você pratica ou gostaria de praticar.
▼ Que esporte você desenhou?
▼ Nesse esporte é preciso utilizar algum material específico?

TAREFA PARA CASA 11

TEM BRINCADEIRA NO QUINTAL

O CHUTE

EVA FURNARI.
ESCONDE-ESCONDE.
6. ED. SÃO PAULO:
ÁTICA, 1995. P. 12-13.

▼ Você gosta de jogar bola?

Observe a sequência de imagens e, com a turma, inventem oralmente uma história para ela. Depois, contem-na ao professor, que escreverá a história com a ajuda de todos.

▼ Assim como na história "O chute", você já quebrou algo jogando bola?

▼ Se sim, foi possível consertar o que você quebrou?

▶ **TEXTO COLETIVO**

▼ Você gostou da história criada pela turma?

Cole aqui a cópia do texto que vocês fizeram juntos. Depois, em casa, conte a história para seus familiares.

▶ **VOCÊ SABIA?**

TÊNIS

BASQUETE

FUTEBOL

VÔLEI

▼ Você sabia que muitos esportes são praticados com bola?
▼ Que esportes você conhece que são praticados com bola?

Pinte as figuras e, com a ajuda do professor, leia o nome dos esportes que estão representados. Depois, ligue cada um à bola que é usada para praticá-lo.

Releia o nome dos esportes e circule a letra que se repete em todos eles.

CONSTRUINDO PALAVRAS

BOLA

C	
G	
M	
S	

_____

_____

_____

Escreva a palavra **BOLA** utilizando o alfabeto móvel. Depois, troque a primeira letra dessa palavra pelas letras sugeridas na tabela e escreva-as.
▼ Que palavras você formou?
  Continue fazendo outras trocas de letras para formar mais palavras e escreva-as nas linhas.
▼ Você sabe o significado dessas palavras?

TAREFA PARA CASA 12

LETRAS E PALAVRAS

C___RR___NHO

B___NEC___

VID___O GAM___

BIC___CLET___

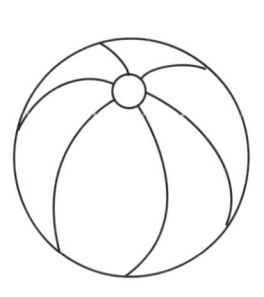

B___LA

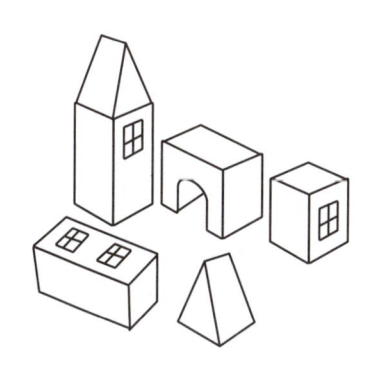

BL___C___S

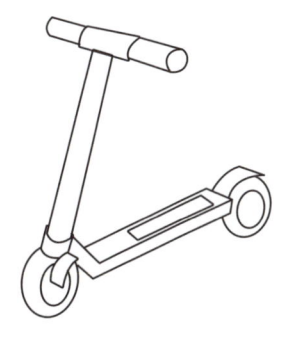

PAT___NET___

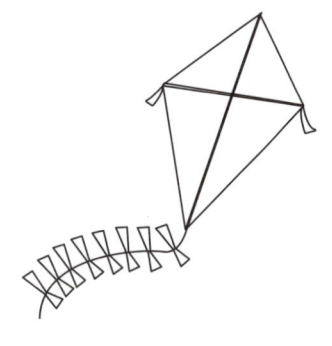

PIÃ___

PIP___

- Você costuma brincar com bola e outros brinquedos?
- Quais são seus brinquedos favoritos?

Pinte as figuras dos brinquedos. Depois, com a ajuda do professor, diga o nome de cada brinquedo em voz alta e complete-o com as letras que estão faltando.

▶ BOLINHA DE SABÃO

CANUDO E CANEQUINHA,
SABÃO, ÁGUA E A BOLINHA
FLUTUA SOLTA NO AR.
[...]

BOLINHAS TRANSPARENTES,
ARCO-ÍRIS A BRILHAR,
FOGEM DE MÃOS CURIOSAS
QUE TENTAM NELAS TOCAR.

BOLINHA DE SABÃO. *IN*: MÉRCIA MARIA LEITÃO; NEIDE DUARTE. **FOLCLORICES DE BRINCAR**. ILUSTRAÇÕES DE: IVAN CRUZ. SÃO PAULO: EDITORA DO BRASIL, 2009. P. 13.

_____

_____

Acompanhe a leitura do professor.
▼ Você já brincou da brincadeira descrita no poema?
▼ Do que você gosta de brincar?
Faça um desenho para representar sua brincadeira favorita. Depois, escreva o nome dela.

NO MUNDO DA IMAGINAÇÃO

O PIRATA

O 👦 BRINCA DE 🏴‍☠️:

SUA 🗡️ É DE 🟨

E SUA 👕 DE ⬜.

ATRAVESSA OS SETE MARES

EM BUSCA DO GRANDE 🧰.

SEU ⛵ TEM SETECENTAS VELAS DE PANO

E É O TERROR DO OCEANO.

MAS O TEMPO PASSA E ELE SE CANSA

DE SER 🏴‍☠️.

E VIRA OUTRA VEZ 👦.

ROSEANA MURRAY. **NO MUNDO DA LUA**. SÃO PAULO: COMPANHIA EDITORA NACIONAL, 2004. P. 20.

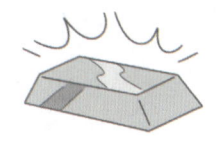

ILUSTRAÇÕES: HENRIQUE BRUM

▼ O que você sabe a respeito dos piratas?
▼ Já ouviu alguma história ou viu algum filme sobre eles?

Leia o poema com a ajuda do professor. Depois, escreva o nome de cada imagem que aparece no texto.

141

QUAL É A HISTÓRIA?

- ▼ Você gosta de ouvir histórias?
- ▼ Qual é sua história preferida?

Destaque os personagens da página 195 do encarte e cole-os nos locais correspondentes para completar as cenas.

- ▼ Quais personagens você colou? De que história eles fazem parte?

Copie da lousa, em uma folha à parte, o nome das histórias representadas e conte o que sabe delas.

MUITAS BRINCADEIRAS

PIQUE

ESTÁTUA

QUEIMADA

AMARELINHA

▼ O que as crianças estão fazendo em cada cena?
Leia o nome de cada brincadeira e conte a quantidade de letras. Depois, encontre no diagrama a quantidade de quadrinhos correspondente e escreva o nome da brincadeira.

BRINCANDO COM AS PALAVRAS

TRÊS PRATOS DE TRIGO
PARA TRÊS TIGRES TRISTES.

PINGA A PIA DENTRO DO PRATO
PIA O PINTO E MIA O GATO.

O TEMPO PERGUNTOU PRO TEMPO
QUANTO TEMPO O TEMPO TEM.
O TEMPO RESPONDEU PRO TEMPO
QUE O TEMPO TEM O TEMPO
QUE O TEMPO TEM.

A VACA MALHADA FOI MOLHADA
POR OUTRA VACA
MOLHADA E MALHADA.

Ouça a leitura do professor e tente repetir os trava-línguas o mais rápido que puder. Depois, ligue-os às imagens correspondentes.

▼ Você conhece outro trava-língua para recitar para os colegas e o professor?

▶ LIGADO NA TV

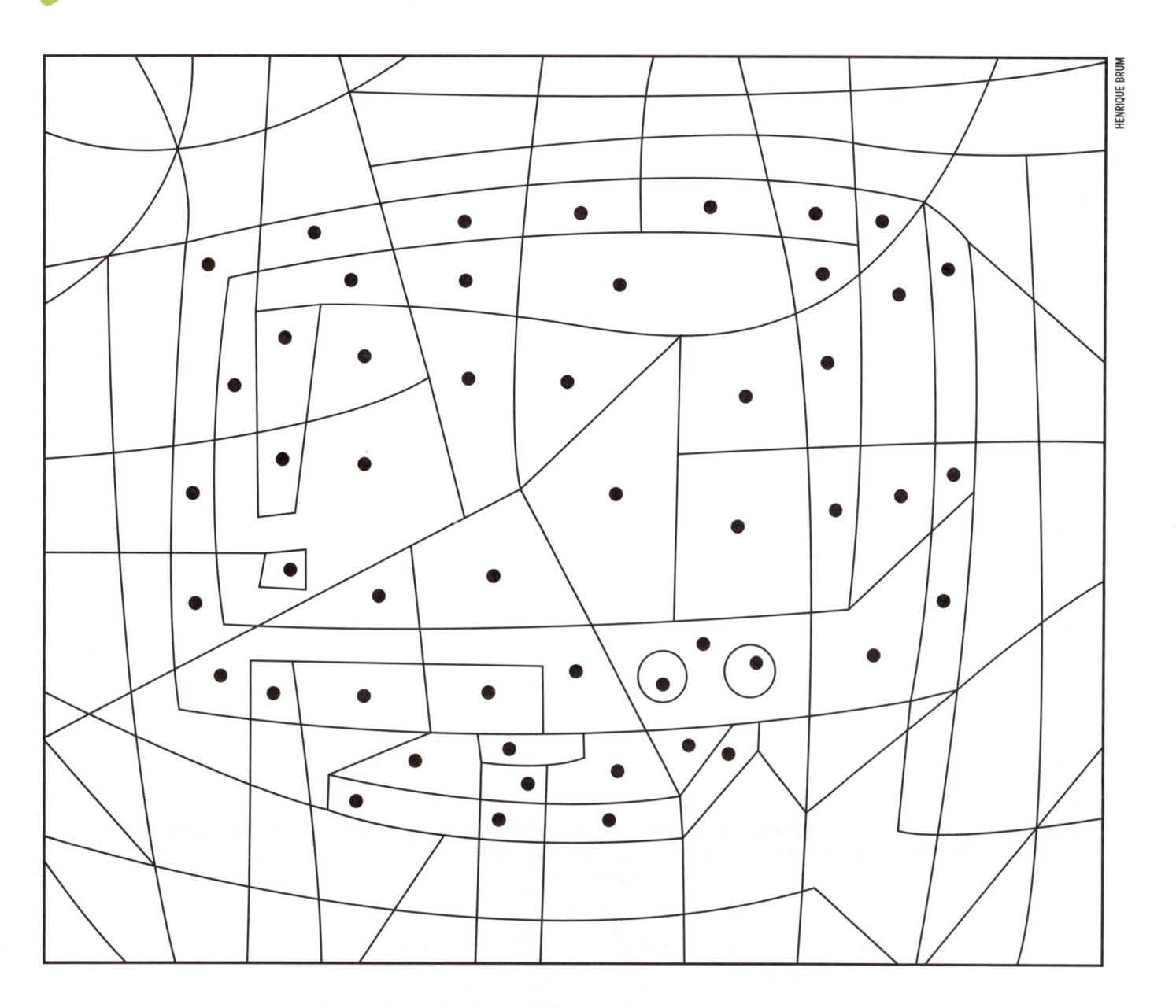

Pinte os espaços em que aparecem pontinhos e descubra algo que faz parte do dia a dia de muitas crianças.

▼ O que você descobriu?
Escreva no quadro o nome desse meio de comunicação.

▼ Que outros meios de comunicação você conhece?

▶ PROGRAMA DE TV FAVORITO

BRUNA ISHIHARA

▼ Assistir a programas de televisão costuma ser uma atividade do seu dia?
▼ Em qual período do dia você assiste à TV?
▼ Qual é seu programa de TV favorito?

Desenhe seu programa de TV favorito na tela da televisão ilustrada. Depois, escreva na linha, da maneira que souber, o nome desse programa e conte aos colegas e ao professor.

146

▶ QUE LUGAR É ESSE?

MEU NOME É INÊS E PAPAI ME LEVA TODO DIA À ESCOLA, QUE É AQUELA CASA GRANDE COM MUITAS JANELAS E UM PÁTIO PARA BRINCAR. [...]

COM MEUS COLEGAS, CAMINHO PELO CORREDOR, QUE É TÃO COMPRIDO QUE DÁ VONTADE DE IR CORRENDO. MAS NÃO ESTAMOS NO PÁTIO!

ANA, NOSSA PROFESSORA, NOS ESPERA NA PORTA DA SALA.

— BOM DIA! — ELA NOS DIZ. [...]

PILAR RAMOS. **A ESCOLA DE INÊS.** SÃO PAULO: EDITORA DO BRASIL, 2010. P. 4, 7-8.

▼ Como é a sua escola? Ela é grande ou pequena?
▼ Com quem você vai para a escola?
▼ Como é o nome de seu professor?
  Ouça a leitura do professor e faça um desenho para representar a escola de Inês. Use canetinha hidrocor.
▼ Sua escola é parecida com a de Inês?

▶ **TEXTO COLETIVO**

MINHA ESCOLA

▼ Você gosta de ir à escola?
▼ De quais atividades escolares você mais gosta?

Com a turma, elabore um texto coletivo contando como é sua escola. Converse com os colegas e planejem o que querem contar. O professor escreverá o texto e depois fará uma cópia para ser colada nesta página.

▶ **BRINCANDO COM OS COLEGAS**

▼ Do que você gosta de brincar na escola?
▼ Você prefere brincar sozinho ou com os colegas?

Faça um desenho para representar sua brincadeira favorita na escola. Escreva o nome dela da maneira que souber.

Depois, mostre seu trabalho aos colegas e ao professor e conte a eles como se brinca.

▼ Quais colegas da turma participam dessa brincadeira com você?

▶ QUER BRINCAR?

"DIA DE LEVAR BRINQUEDO NA ESCOLA!", PATRÍCIA LEMBROU. "O QUE LEVAR?"

"JÁ SEI! MINHA BONECA-FAZ-TUDO. NINGUÉM TEM IGUAL."

NA ESCOLA, FORMOU ATÉ FILA PARA VER A BONECA.

— É MINHA! SÓ EU POSSO BRINCAR — PATRÍCIA AVISOU. [...]

TELMA GUIMARÃES CASTRO ANDRADE. É MEU! SÃO PAULO: EDITORA DO BRASIL, 2006. P. 2-4.

▼ Você costuma levar brinquedos para a escola?

Ouça a leitura do professor e descubra qual é o brinquedo que Patrícia levou para a escola.

Depois, recorte de panfletos ou revistas figuras que representem esse brinquedo e cole-as na página.

▼ Você acha que Patrícia emprestou o brinquedo para os colegas?

▼ Que final você daria para essa história?

DIA DO BRINQUEDO NA ESCOLA!

PATINS   BONECA   SKATE

CORDA   URSINHO   CAMINHÃO

BAMBOLÊ   ROBÔ   PETECA

▼ Na escola que você frequenta há o dia do brinquedo? Se sim, em qual dia da semana é?

▼ Você costuma emprestar seu brinquedo para os colegas?

Leia o nome dos brinquedos, circule a letra inicial de cada um e faça um **X** naqueles que começam com a mesma letra. Use uma cor para cada dupla.

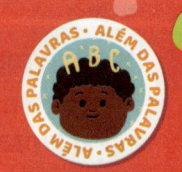

151

MATERIAIS QUE USO NA ESCOLA

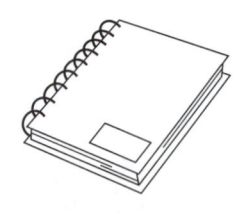

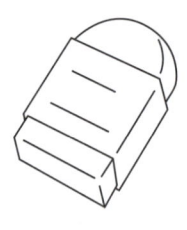

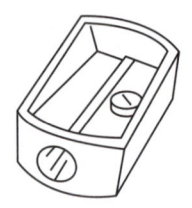

ILUSTRAÇÕES: HENRIQUE BRUM

▼ Que materiais você utiliza diariamente em sua escola?
   Pinte as imagens e escreva o nome dos materiais apresentados. Depois, circule o que você mais usa durante as atividades.

▼ Você cuida bem de seu material escolar?

TAREFA PARA CASA 1

▶ **QUAL É A LETRA?**

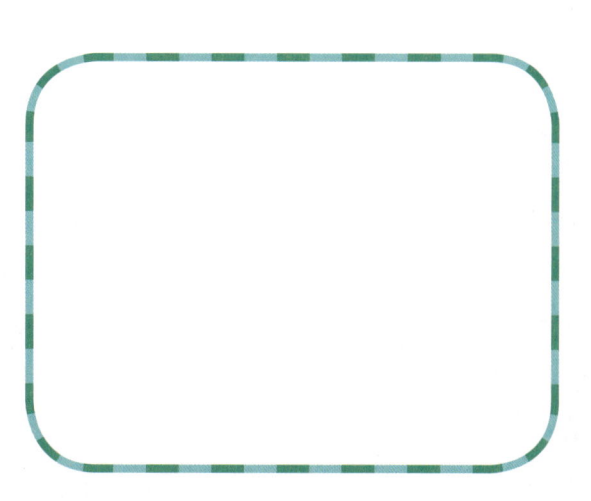

▼ Qual é a letra inicial de seu nome?
   Escreva-a no quadro. Depois, recorte de jornais e revistas figuras cujo nome comece com a mesma letra de seu nome e cole-as na página.
   Apresente seu trabalho aos colegas e ao professor e diga o nome das figuras que você colou.

TAREFA PARA CASA 2

▶ OBSERVANDO SÍMBOLOS E FORMANDO PALAVRAS

A	B	E	I	L	N	O	P	T

- É O NOME DE UM ALIMENTO.

- É O NOME DE UM BRINQUEDO.

Com a ajuda de um adulto que mora com você, leia as dicas, troque os símbolos pelas letras correspondentes e forme palavras. Depois, leia as palavras que você formou.

▼ Que palavras você formou?

TAREFA PARA CASA 3

▶ FRUTAS, QUE DELÍCIA!

▼ Qual é a sua fruta preferida?
▼ Comer fruta faz bem à saúde?

Recorte de jornais, revistas ou panfletos de supermercado algumas figuras de diferentes frutas e cole-as no quadro. Depois, circule aquela de que você mais gosta.

TAREFA PARA CASA 4

▶ RECEITA DE FAMÍLIA

▼ Que tal fazer uma receita em casa?

Peça a um adulto que mora com você para preparar uma receita. Escolham juntos o que fazer e ajude no que for possível. Em seguida, desenhe no quadro como ficou a receita depois de pronta.

▼ O que vocês prepararam?

No retorno à escola, conte à turma como foi a experiência de pôr em prática essa receita, quais ingredientes e utensílios utilizaram etc.

TAREFA PARA CASA 5

▶ A CAPOEIRA

ATABAQUE 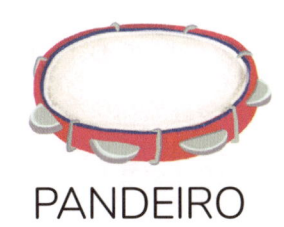 PANDEIRO 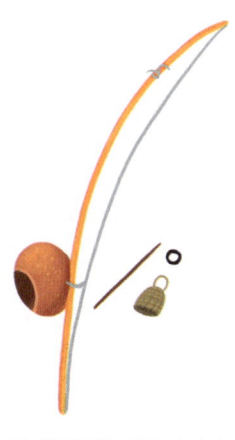 BERIMBAU  CAXIXI  RECO-RECO

B								
		X						
					Q			
P								
				-				

▼ Você sabe o que é o jogo ou a dança da capoeira?
▼ Já viu alguns instrumentos musicais que as pessoas usam quando praticam capoeira?

Conte a seus familiares o que já aprendeu a respeito dessa prática. Depois, com a ajuda deles, observe as imagens e seus respectivos nomes e complete o diagrama.

TAREFA PARA CASA 6

▶ QUAL É A HISTÓRIA?

CLAUDIA MARIANNO

▼ Você se lembra da história da **Menina bonita do laço de fita**?
▼ Como ela é?

Enfeite o cabelo dessa menina colando laços de fita nele, como o cabelo da menina da história.

Depois, escreva da maneira que souber o nome da história que ouviu em sala de aula e conte-a para seus familiares.

TAREFA PARA CASA 7

▶ CONTO DE FADAS

ILUSTRAÇÕES: MARCOS DE MELLO

▼ De que história são esses personagens?
▼ Vamos brincar de fantoche com eles?

Pinte os personagens e, com a ajuda de um adulto, recorte-os, cole um palito de sorvete atrás de cada um e utilize-os para recontar a história a seus familiares e amigos.

TAREFA PARA CASA 8

UM PRESENTE ESPECIAL

_____

_____

▼ Você já visitou um orfanato? E uma instituição onde moram pessoas idosas?
Faça um desenho para presentear alguém que vive em um desses lugares e escreva, da maneira que souber, uma pequena mensagem para essa pessoa.
Peça a um adulto que mora com você que escolha um orfanato ou uma instituição de idosos próximo a sua casa para você entregar o presente.

TAREFA PARA CASA 9

ÁGUA, NOSSO MAIOR BEM!

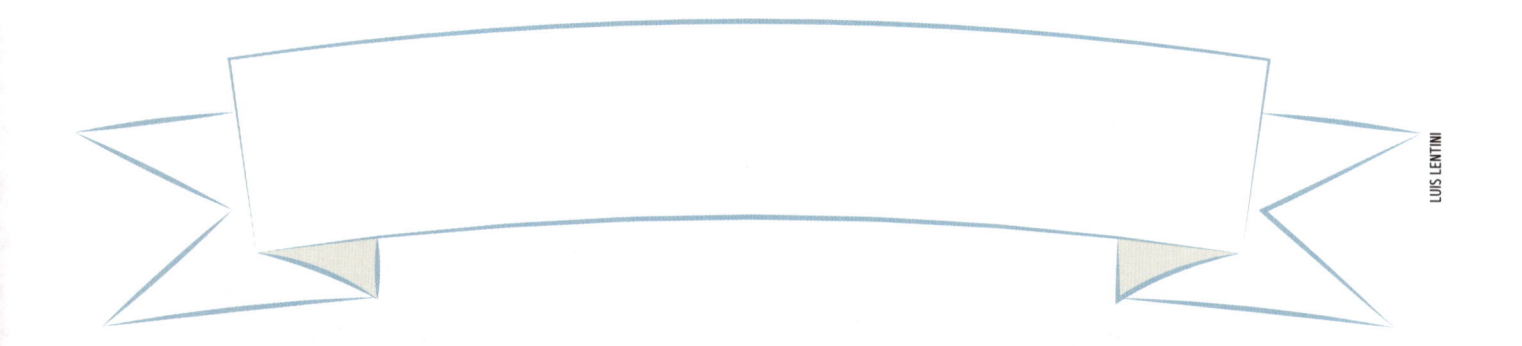

LUIS LENTINI

Com a ajuda de um adulto, recorte de jornais e revistas, ou imprima de *sites* da internet, imagens de pessoas utilizando água. Depois, cole-as aqui e escreva na faixa, da maneira que souber, uma frase pedindo às pessoas que não desperdicem água.

▼ Por que é importante cuidar da água do planeta?

TAREFA PARA CASA 10

▶ A NATUREZA COMO EU SEMPRE QUIS

_____

Faça um desenho que represente como podemos cuidar da natureza. Pense em um título para seu trabalho e escreva-o na linha com a ajuda de um adulto.
▼ Você gosta de brincar em contato com a natureza?
▼ Você e sua família ajudam a cuidar da natureza?

TAREFA PARA CASA 11

ESPORTE – DIVERSÃO E EXERCÍCIO FÍSICO

Observe as imagens e ligue corretamente os materiais utilizados em cada esporte.
▼ Você sabe o nome desses esportes?
▼ Já praticou algum deles?

TAREFA PARA CASA 12

▶ BRINCANDO COM BOLA

▼ Você gosta de brincar com bola?
  Desenhe uma brincadeira em que se usa bola. Depois, com a ajuda de um adulto, escreva o nome dela com o alfabeto móvel e copie-o na linha acima.
▼ Quantos tipos de bola você conhece?

▶ ENCARTES DE ADESIVOS

PÁGINAS 6 E 7

PÁGINAS 8 E 9

177

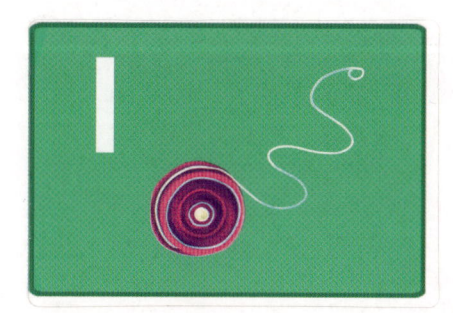

PÁGINAS 8 E 9

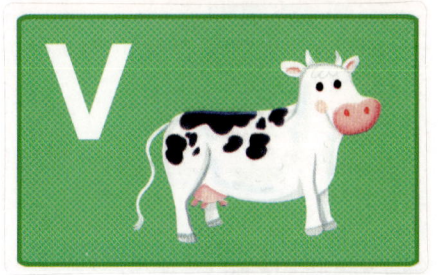

J	K	L
M	N	O
P	Q	R
S	T	U
V	W	X
Y	Z	

PÁGINA 23

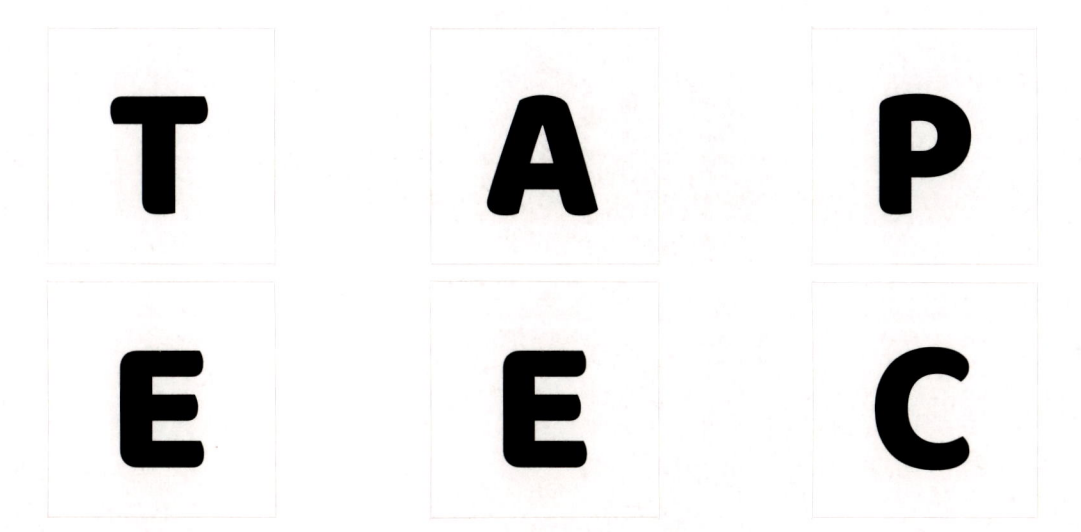

T	A	P
E	E	C

PÁGINA 37

181

PÁGINAS 32 E 33

PÁGINA 43

183

PÁGINAS 82 E 83

PÁGINAS 106 E 107

187

▶ **ENCARTES DE PICOTES**

PÁGINA 10

A	A	A	B	C	D
E	E	E	F	G	H
I	I	I	J	K	L
M	N	O	O	O	P
Q	R	S	T	U	U
U	V	W	X	Y	Z
Ç	A	E	I	O	U

189

PÁGINA 10

A	A	A	B	C	D
E	E	E	F	G	H
I	I	I	J	K	L
M	N	O	O	O	P
Q	R	S	T	U	U
U	V	W	X	Y	Z
A	E	I	O	U	A
E	I	O	U	Ç	Ç

PÁGINA 60

PÁGINA 110

193

PÁGINA 114

PÁGINA 142

Mitanga

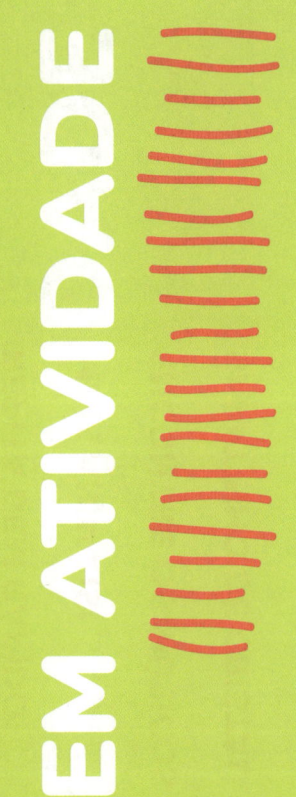

2 EDUCAÇÃO INFANTIL

EM ATIVIDADE

Editora do Brasil

MITANGA PALAVRA DE ORIGEM TUPI QUE SIGNIFICA "CRIANÇA" OU "CRIANÇA PEQUENA".

SUMÁRIO

- O NOME DOS OBJETOS 4
- ENCONTRANDO OS NOMES 5
- DESVENDANDO O ALIMENTO 6
- QUANTOS ALIMENTOS GOSTOSOS! 7
- REPITA BEM RÁPIDO! 8
- MAIS ANIMAIS! 9
- ENCONTRE OS MÚSICOS DE BREMEN 10
- SAPATINHO DE CRISTAL 11
- NATUREZA 12
- MATERIAIS RECICLÁVEIS 13
- FORMANDO PALAVRAS 14
- PALAVRAS IGUAIS 15
- CAMINHOS COLORIDOS 16
- O NOME DAS CORES 17
- A BANDINHA 18

SUMÁRIO

QUEM É QUEM? 19
DIA DE PESCA 20
MESES DO ANO 21
FESTA DE ANIVERSÁRIO 22
CINEMA COMBINA COM O QUÊ? 23
VAMOS COLECIONAR? 24
RECICLAGEM 25
É HORA DA HISTÓRIA! 26
MINHAS ROUPAS 27
SALADA DE LETRAS 28
MEIOS DE TRANSPORTE 29
ANIMAIS MARINHOS 30
VOCÊ É O ARTISTA! 31
DESVENDE O ENIGMA 32

O NOME DOS OBJETOS

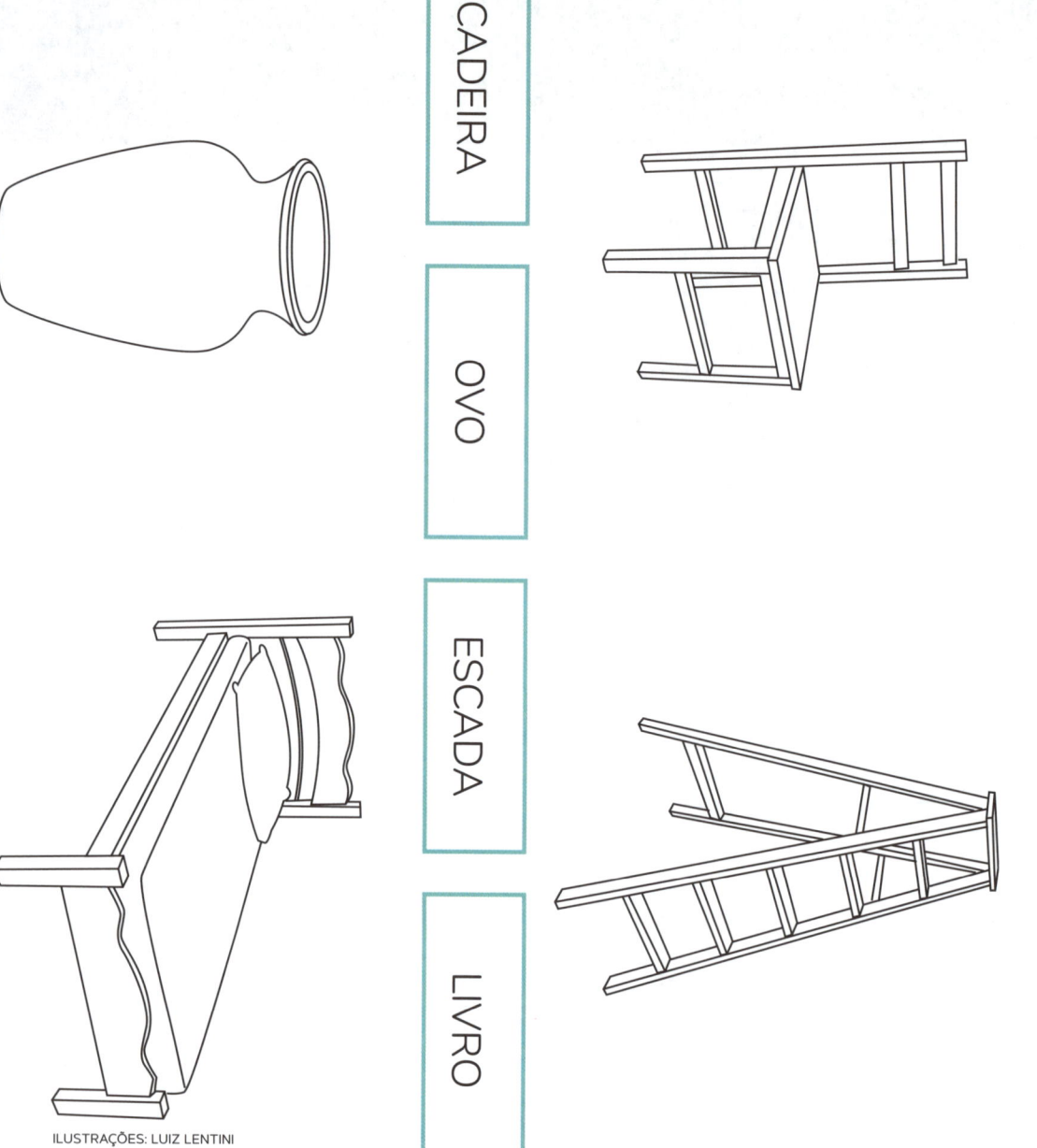

| CADEIRA | OVO | ESCADA | LIVRO |

| VACA | VASO | CAMA | CANO |

ILUSTRAÇÕES: LUIZ LENTINI

▸ Pinte os objetos e fale o nome deles em voz alta prestando atenção ao som inicial. Depois, marque um ✗ no quadrinho que mostra o nome correto de cada um.

▸ Você conhece o nome de algum objeto que inicie com a mesma letra de seu nome?

4

ENCONTRANDO OS NOMES

- Você conhece essa brincadeira? A menina parou de pular corda na letra **R**. Circule somente os nomes que começam com as letras citadas na brincadeira.
- Na ordem alfabética, que letras vêm depois do **R**?
- Que outros nomes de pessoas você conhece com a letra **R**?

SUCO GELADO,
CABELO ARREPIADO.
QUAL É A LETRA
DO SEU NAMORADO?
A, B, C, D, E,
F, G, H, I, J, K,
L, M, N, O, P,
Q, R!!!

PARLENDA.

PAULA KRANZ

JOÃO

DANIEL

WALTER

SANDRO

RENATO

BRUNO

TIAGO

MURILO

PEDRO

5

DESVENDANDO O ALIMENTO

B___L___

P___R___

B___N___N___

P___P___C___

ILUSTRAÇÕES: PAULA KRANZ

Descubra o nome dos alimentos em que Eduardo está pensando. Para isso, observe as imagens e complete o nome delas com as letras que faltam.

▶ Você já experimentou esses alimentos?
▶ Que letras você usou para escrever o nome deles?

▼ Você já provou esses alimentos? Pronuncie o nome deles em voz alta prestando atenção ao som inicial. Depois, ligue os alimentos ao nome correto de cada um.

▶ QUANTOS ALIMENTOS GOSTOSOS!

| MAMÃO | UVA | AMENDOIM | PÃO |

REPITA BEM RÁPIDO!

O RATO ROEU A ROUPA DO REI DE ROMA.

TRAVA-LÍNGUA.

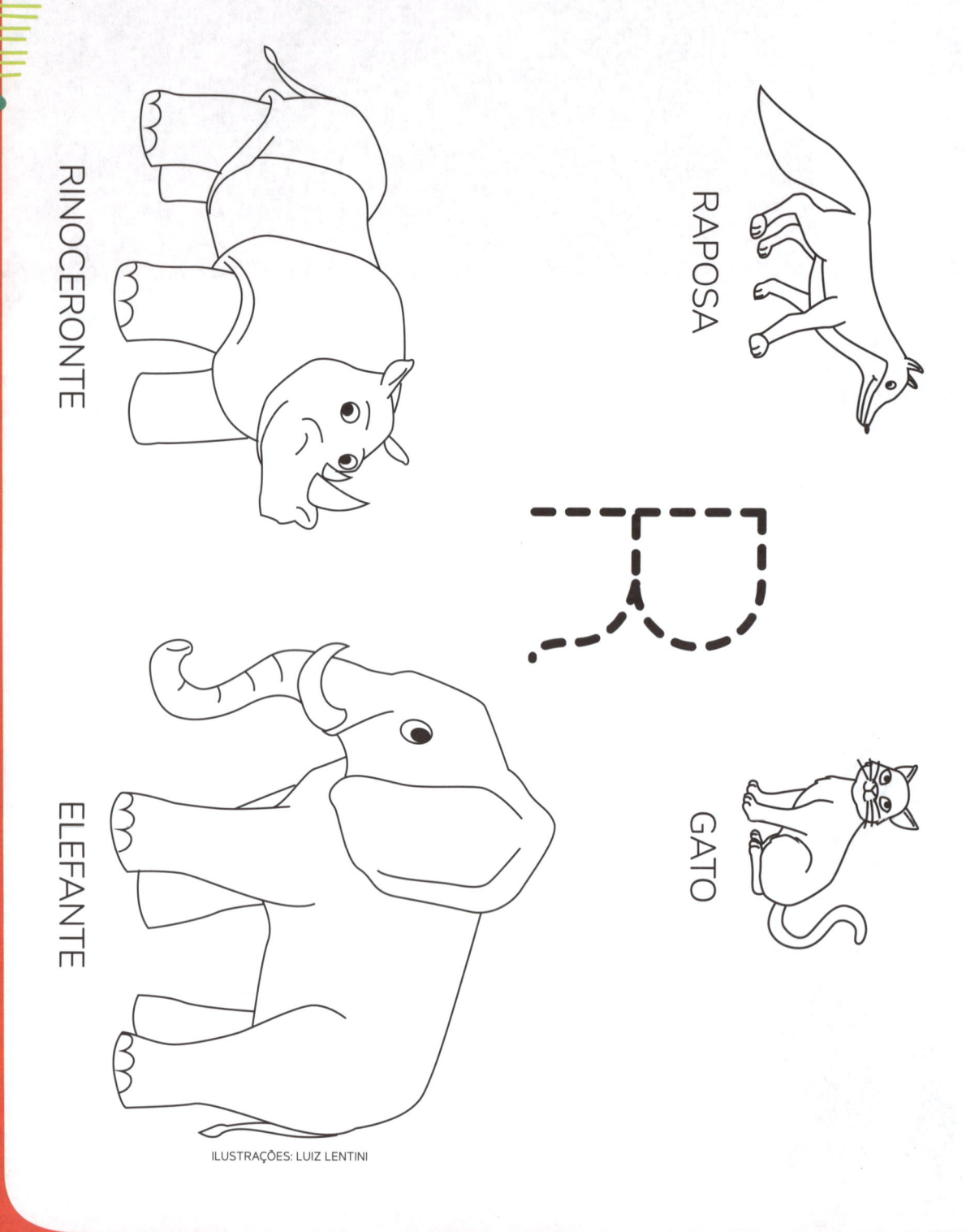

RAPOSA

GATO

RINOCERONTE

ELEFANTE

ILUSTRAÇÕES: LUIZ LENTINI

▶ Acompanhe a leitura do trava-língua e repita-o bem depressa. Depois, cubra o tracejado da letra **R** e circule-a no texto todas as vezes em que aparecer.

▶ Quantas vezes a letra **R** apareceu? Agora, observe o nome dos animais e pinte somente aqueles cujo nome começa com a letra **R**.

Complete o nome dos animais escrevendo uma letra em cada quadrinho.

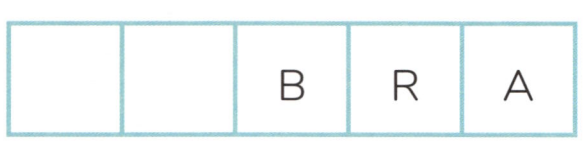

▶ Você conhece esses animais?
▶ Quais letras usou para escrever o nome deles?

	C	A	R	É	

	B	R	A	

	B	R	A	

	C	A	C	O	

MAIS ANIMAIS!

DORLING KINDERSLEY LTD/ALAMY/FOTO
PANDAPAW/SHUTTERSTOCK.COM
SGOODWIN4813/DREAMSTIME.COM
ERIC ISSELEE/SHUTTERSTOCK.COM

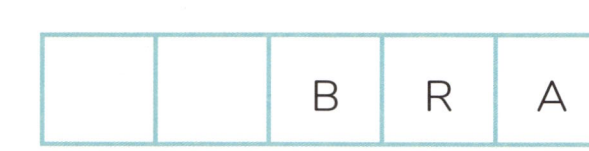

ENCONTRE OS MÚSICOS DE BREMEN

HENRIQUE BRUM

CÃO

GATO

URSO

BURRO

GALO

▼ Você conhece o conto **Os Músicos de Bremen**?

Encontre na floresta os animais que são citados nesse conto e pinte-os.

▶ Quantos animais você encontrou?

Com a ajuda do professor, leia os nomes que estão nos quadros e faça um **X** no nome do animal que não faz parte desse conto.

11

▼ Em que conto infantil aparece esse sapatinho de cristal?

A palavra **SAPATINHO** foi escrita três vezes nos quadros de forma incompleta. Siga o modelo e complete a palavra com as letras que faltam em cada caso.

SAPATINHO

S_PAT___NHO

___APA___INHO

SA___A___INH___

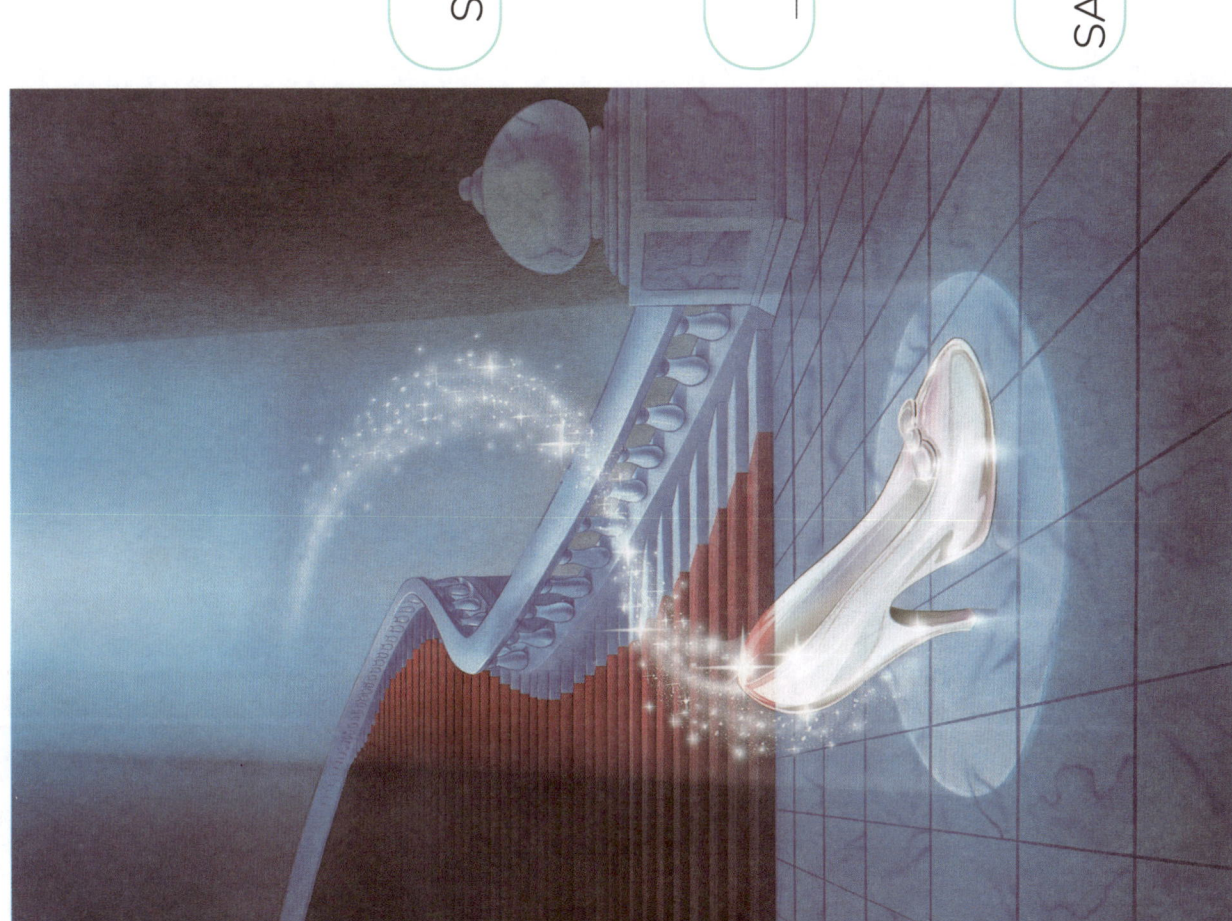

▼ **SAPATINHO DE CRISTAL**

©WALT DISNEY PICTURES/COURTESY

NATUREZA

ILUSTRAÇÕES: LUIZ LENTINI

GUA | Á

PLAN | TAS

TO | VEN

A | MAIS | NI

▶ Pinte as imagens. Depois, desembaralhe as sílabas para formar a palavra correta e escreva-a no quadro.

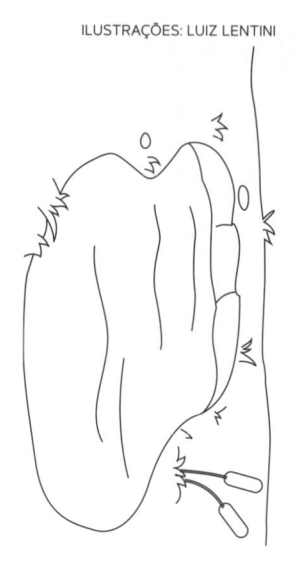

▶ Você se lembra de outros elementos da natureza?

12

MATERIAIS RECICLÁVEIS

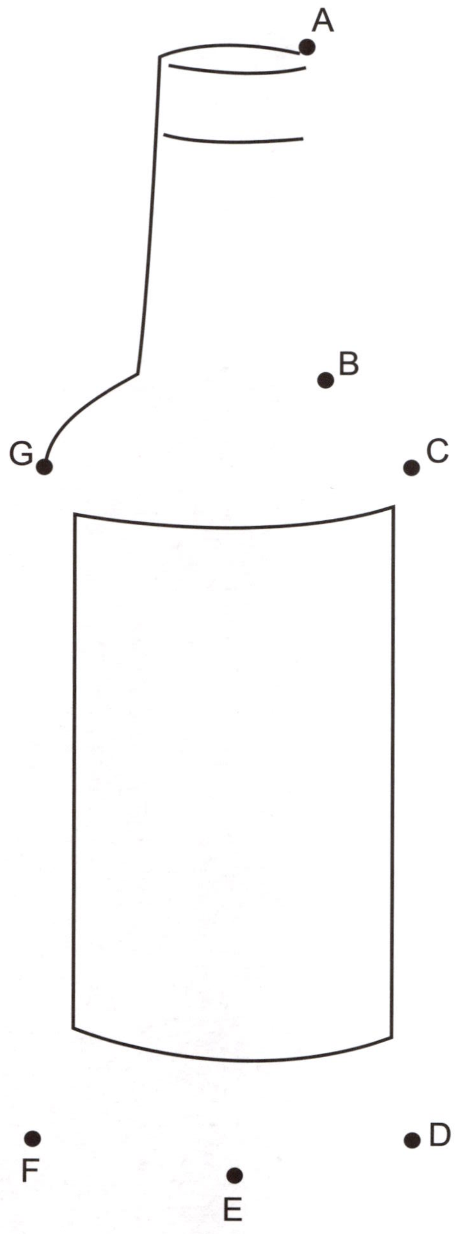

13

Ligue os pontos em ordem alfabética e descubra a figura.

▶ O que você descobriu?

▶ Você sabia que tanto as garrafas de vidro como as de plástico podem ser recicladas?

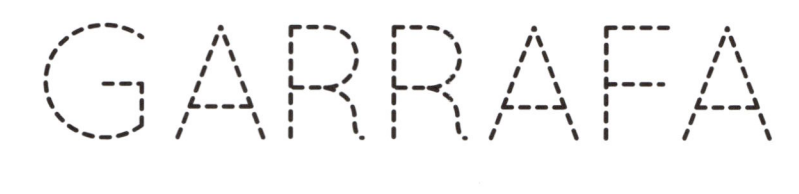

Cubra o tracejado das letras e descubra o nome dessa figura.

▶ Com que letra essa palavra começa? Escreva nas linhas outras palavras iniciadas com essa letra.

GARRAFA

LUIZ LENTINI

FORMANDO PALAVRAS

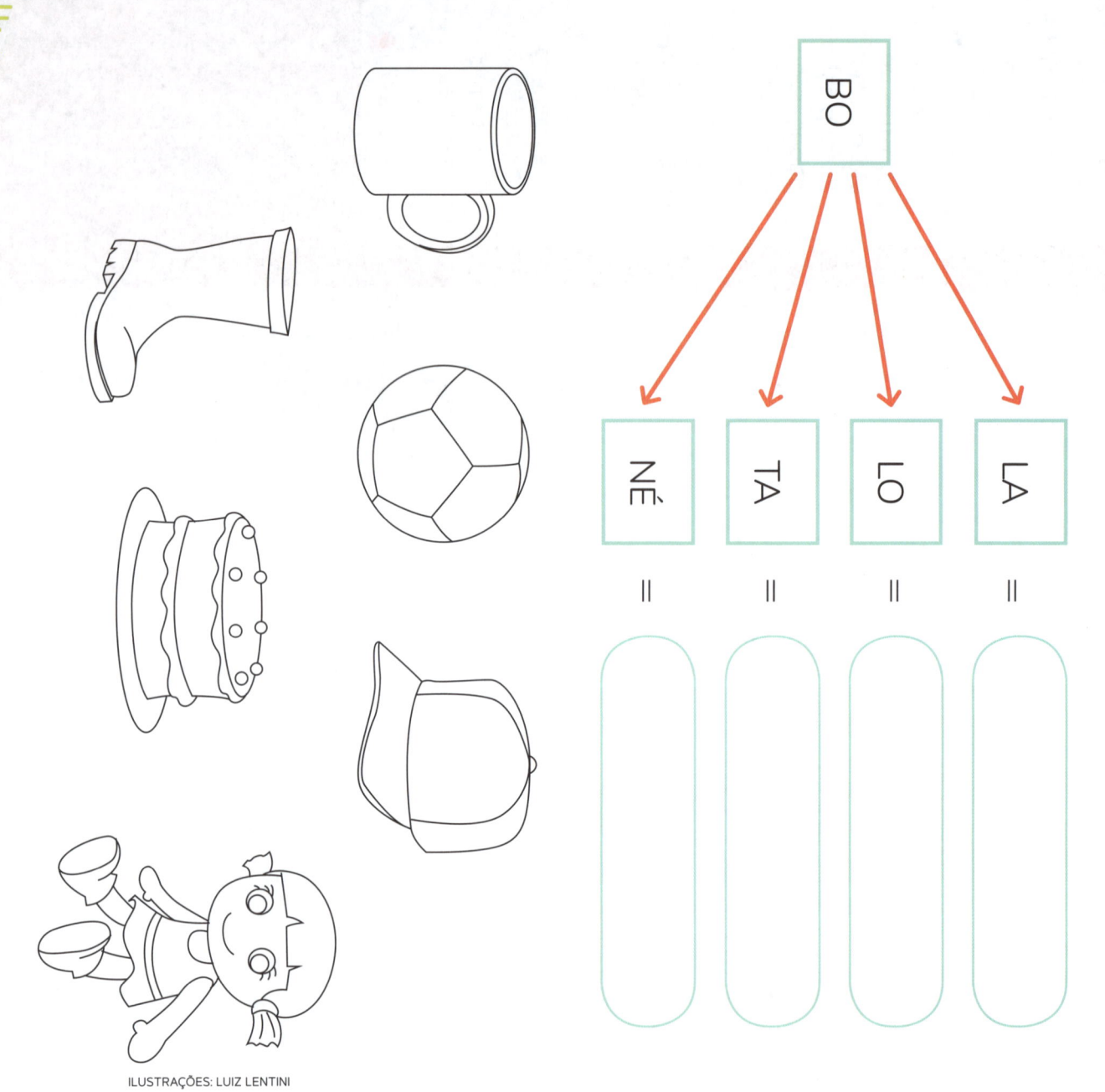

BO + LA =
BO + LO =
BO + TA =
BO + NÉ =

ILUSTRAÇÕES: LUIZ LENTINI

- Siga as setas, junte as letras indicadas e copie as palavras formadas.
- ▶ Quais palavras você formou? Pinte apenas as figuras que representam as palavras que você descobriu.

14

PALAVRAS IGUAIS

Em cada quadro, encontre as palavras que se repetem e circule-as com a mesma cor.
▶ Que palavras você descobriu? Na parte de baixo de cada quadro, faça um desenho para representar as palavras que você circulou.

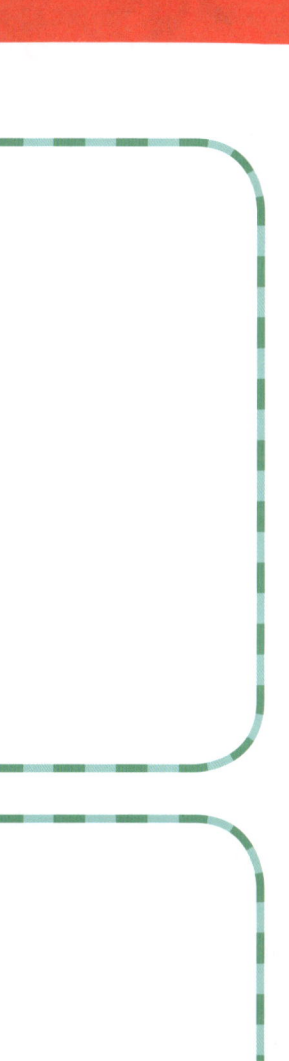

BICICLETA   PIPA

BICICLETA   CARRINHO

PETECA   CORDA

PIÃO   CORDA

15

ILUSTRAÇÕES: MARCOS DE MELLO

CAMINHOS COLORIDOS

Leve os animais até os lugares onde costumam viver. Use uma cor diferente para traçar cada caminho.

▶ Que cores você usou?
▶ Com que letra começa o nome delas?
▶ Você conhece outras palavras que começam com essas mesmas letras?

O NOME DAS CORES

Em cada quadro, desembaralhe as sílabas, descubra o nome de duas cores e escreva-os nas linhas. A sílaba inicial já está destacada. Depois, pinte os quadrinhos com as cores que você descobriu.

▶ Que cores são essas?
▶ Você conhece algum nome que começa com as mesmas sílabas que estão em destaque nos quadros?

Quadro 1:
SA — RO — XO

Quadro 2:
DE — LHO — VER — ME

Quadro 3:
ZUL — RE — A — LO — MA

17

A BANDINHA

FLAUTA

TAMBOR

CHOCALHO

PRATO

OLEKSIY MARK/
SHUTTERSTOCK.COM

YURIY KULIK/
SHUTTERSTOCK.COM

TIMOTHY HALLINAN/
SHUTTERSTOCK.COM

GRIGIOMEDIO/
SHUTTERSTOCK.COM

Com a ajuda do professor, leia o nome dos instrumentos musicais e ligue cada um à imagem correta.

▶ Você já participou de alguma bandinha escolar ou fanfarra?

▶ Já manuseou ou tocou algum desses instrumentos?

QUEM É QUEM?

Observe o nome e as características das crianças do coral. Depois, complete as frases com os nomes corretos. Por último, circule a criança cujo nome foi escrito mais vezes.

▶ Você sabe escrever seu nome?

▶ Que características usaria para se descrever?

CAMILA   IGOR   ANA   DANIEL

_____ ESTÁ SEGURANDO UM OBJETO.

E _____ SÃO DO **MESMO TAMANHO**.

_____ É A **MAIS ALTA**.

_____ É A **MAIS BAIXA**.

_____ É A ÚNICA CRIANÇA LOIRA.

ALEX CŌI

DIA DE PESCA

SAI, SAI, SAI
Ô PIABA,
SAIA LÁ DA LAGOA
SAI, SAI, SAI
Ô PIABA,
SAIA LÁ DA LAGOA
BOTA UMA MÃO NA CABEÇA
BOTA A OUTRA NA CINTURA
DÁ UM REMELEXO NO CORPO
DÁ UM ABRAÇO NO OUTRO.

PARLENDA.

CLAUDIA MARIANNO

- Você já pescou alguma vez?
- Você sabe o que é piaba? Observe a cena e, com a ajuda do professor, leia os nomes escritos nas piabas que estão nadando na lagoa. Depois, circule essas palavras no texto.

LAGOA

PIABA

CORPO

MÃO

▼ Você sabe em que ano estamos?
O ano tem doze meses, e cada mês tem um nome. Diga em voz alta o nome dos meses.
Observe o calendário ao lado e, com a ajuda do professor, responda às perguntas.

MESES DO ANO

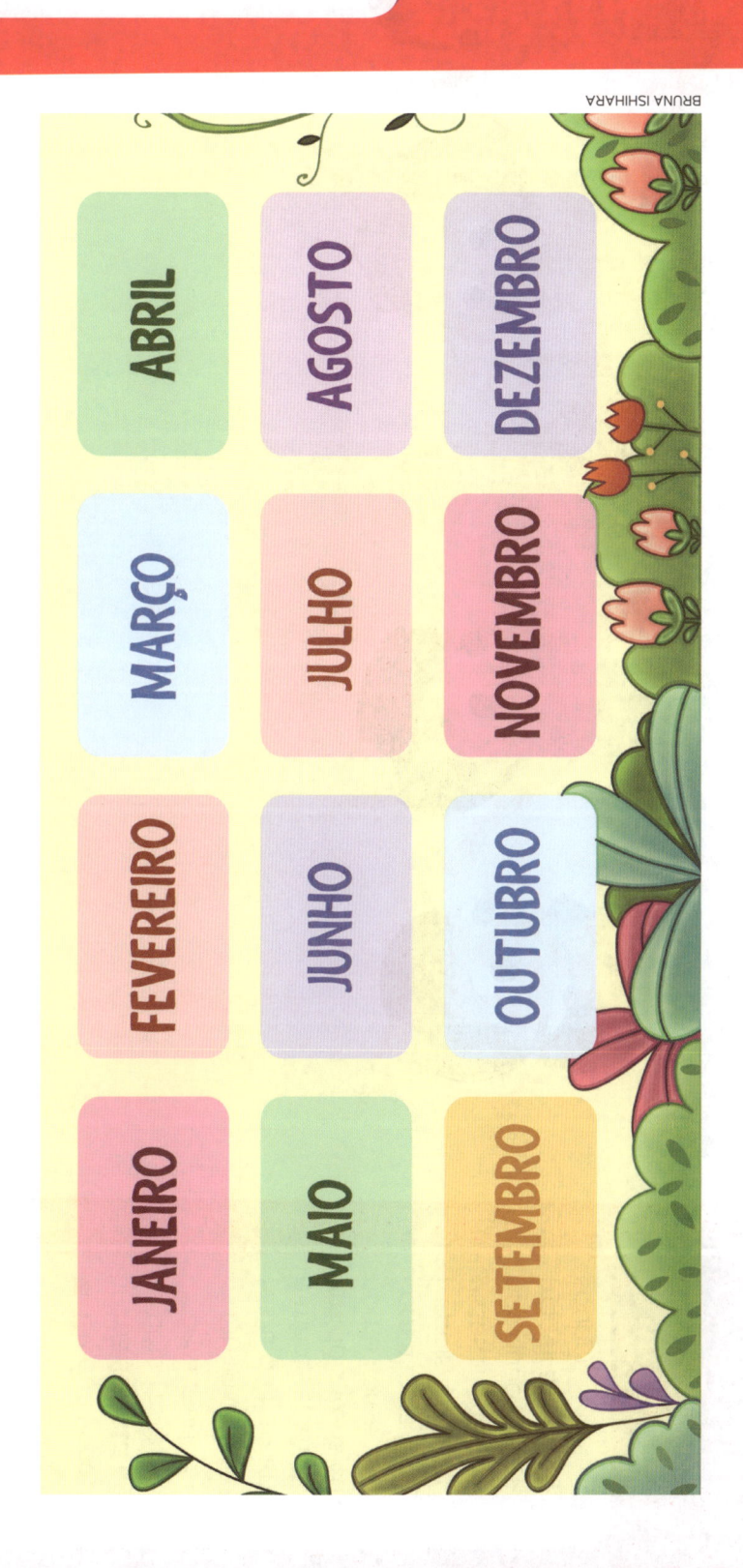

JANEIRO	FEVEREIRO	MARÇO	ABRIL
MAIO	JUNHO	JULHO	AGOSTO
SETEMBRO	OUTUBRO	NOVEMBRO	DEZEMBRO

BRUNA ISHIHARA

– QUAL É O PRIMEIRO MÊS DO ANO? _____
– QUAL É O ÚLTIMO MÊS DO ANO? _____
– QUAL É O MÊS DE SEU ANIVERSÁRIO? _____

FESTA DE ANIVERSÁRIO

Hoje é a festa de aniversário de Fernando!

▶ Você gosta de comemorar aniversário?

▶ De que você mais gosta em uma festa de aniversário?

Observe a festa de Fernando e marque um **X** em dois itens cujo nome comece com a letra **B**. Depois, escreva esses nomes nos quadros da maneira que souber.

CINEMA COMBINA COM O QUÊ?

Hoje é dia de cinema!

▼ Você já foi ao cinema?
▼ Qual é o seu filme preferido? Conte para os colegas.
▼ Observe a cena.
▼ O que as crianças estão comendo? Pinte o nome desse alimento.

MARCOS MACHADO

| PICOLÉ | PIPOCA |
| PIPA | PIANO |

ILUSTRAÇÕES: MARCOS MACHADO

VAMOS COLECIONAR?

Muitas crianças têm o hábito de colecionar objetos, que podem ser de todos os tipos e tamanhos.

▶ Você tem uma coleção?

▶ O que você gostaria de colecionar?

▶ Caio, Luiza e Eduardo fazem coleção. Ligue cada um deles ao nome do objeto que colecionam.

FIGURINHAS

MOEDAS

CANETAS

RECICLAGEM

- Você já ouviu falar de reciclagem?

A **reciclagem** é uma forma de reaproveitar matérias-primas. Para facilitar a reciclagem fazemos a **coleta seletiva**, que separa as matérias em grupos.

- Você já viu essas lixeiras?
- Sabe para que elas servem?

Essas são as lixeiras para coleta seletiva. Cada uma recebe um tipo de matéria e tem uma cor diferente.

Com a ajuda do professor, escreva os nomes nas lixeiras da coleta seletiva e pinte-as de acordo com a legenda.

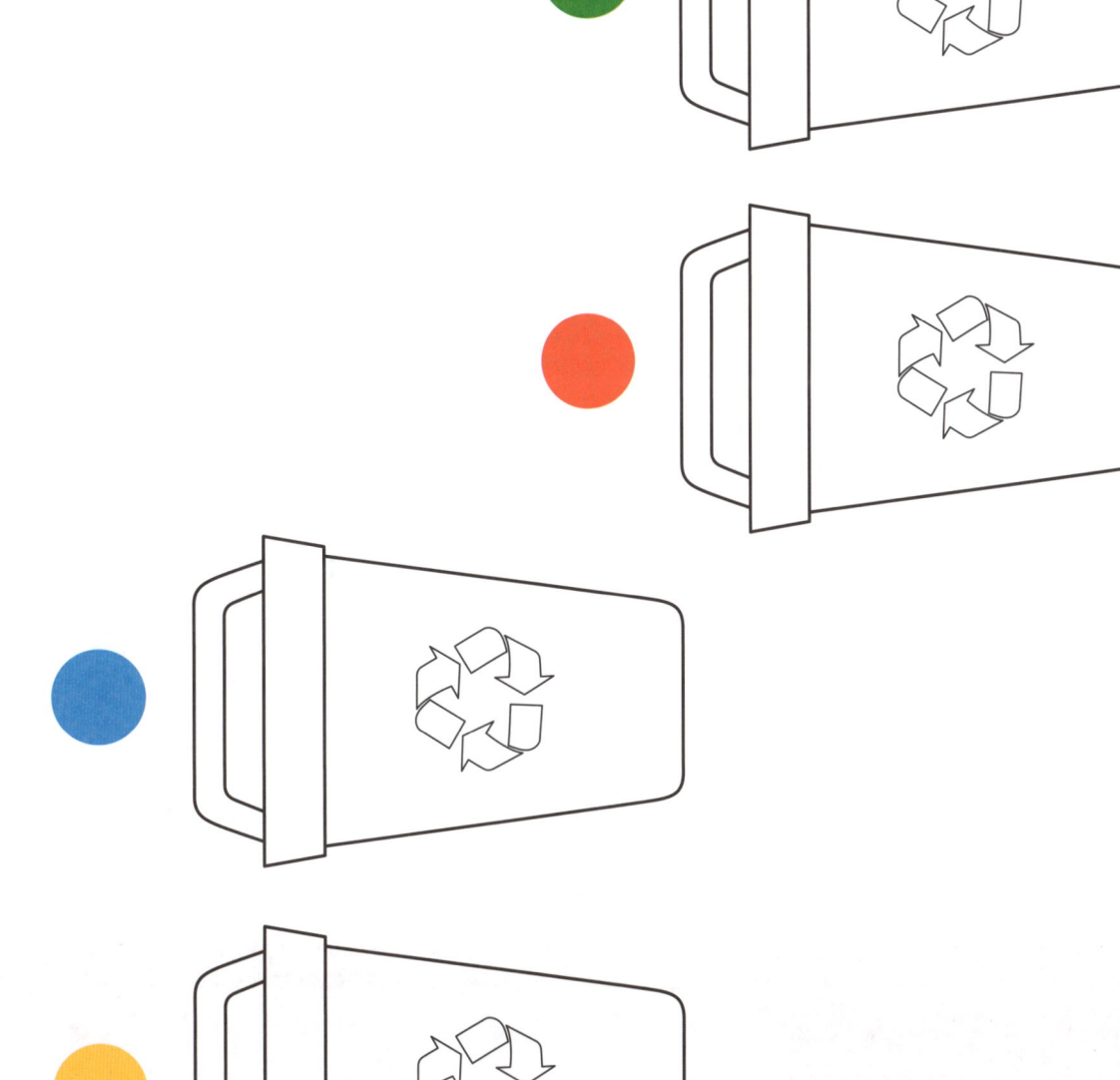

PLÁSTICO   METAL   VIDRO   PAPEL

ILUSTRAÇÕES: EDUARDO BELMIRO

É HORA DA HISTÓRIA!

DE BEM COM A VIDA

FILÓ, A JOANINHA, ACORDOU CEDINHO. ABRIU A JANELA DE SUA CASA E DISSE:
— QUE LINDO DIA! VOU APROVEITAR PARA VISITAR MINHA TIA. [...]

NYE RIBEIRO. **DE BEM COM A VIDA**. SÃO PAULO: EDITORA DO BRASIL, 2012. P. 4.

HOJE O DIA ESTÁ _____.

Acompanhe a leitura do professor.

▼ Quem é a personagem dessa história?

▼ Você conhece esse bicho?

▼ O que é um dia lindo para você?

Com o professor, vá para a área externa da escola e observe como está o dia.

▼ O que você observou?

Complete a frase e desenhe o que você gosta de fazer em dias como hoje.

26

MINHAS ROUPAS

Gabriel e Luiza estão se divertindo na festa da escola. Observe as roupas que estão vestindo.

▶ Você gosta dessas roupas?
▶ Como gosta de se vestir?

Com a ajuda do professor, escreva o nome das peças de roupa que Gabriel e Luiza estão usando.

27

SALADA DE LETRAS

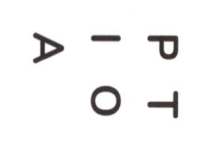

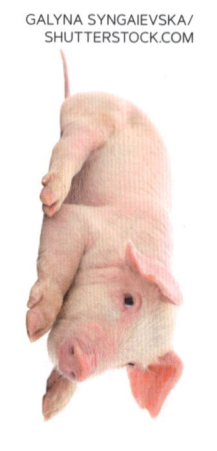

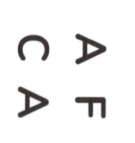

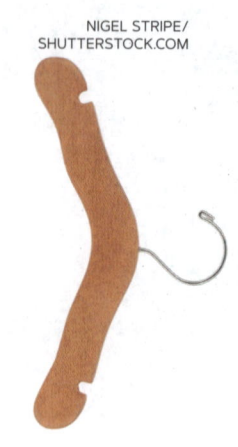

| P T | A F |
| I O | C A |

R O	B I
C O	E D
P	A C

▼ Vamos brincar de salada de letras? Desembaralhe as letras e escreva o nome das imagens. Depois, circule a imagem cujo nome não tem a letra **A**.

28

MEIOS DE TRANSPORTE

- Você conhece esses meios de transporte? Com a ajuda do professor, leia o nome deles e procure-os no diagrama de palavras.
- Qual meio de transporte você mais utiliza?

CAMINHÃO

NAVIO

AVIÃO

TREM

ÔNIBUS

W	N	A	V	I	O	H	U	K	B
Z	E	I	T	Q	E	Z	B	C	N
J	M	V	T	R	E	M	L	O	N
B	C	P	Q	X	M	P	C	W	O
B	A	C	A	M	I	N	H	Ã	O
D	G	P	I	P	H	V	Y	L	R
B	B	B	T	P	T	U	Q	Y	W
Ô	N	I	B	U	S	E	W	I	G
J	K	Y	F	C	Y	T	G	R	O
P	I	K	V	A	V	I	Ã	O	H

29

ANIMAIS MARINHOS

____BARÃO

| BU | TU | DU |

GOL____NHO

| TI | VI | FI |

____LEIA

| BA | DA | FA |

CARA____JO

| PU | MU | RU |

ILUSTRAÇÕES: SHUTTERSTOCK.COM/MINIARIA

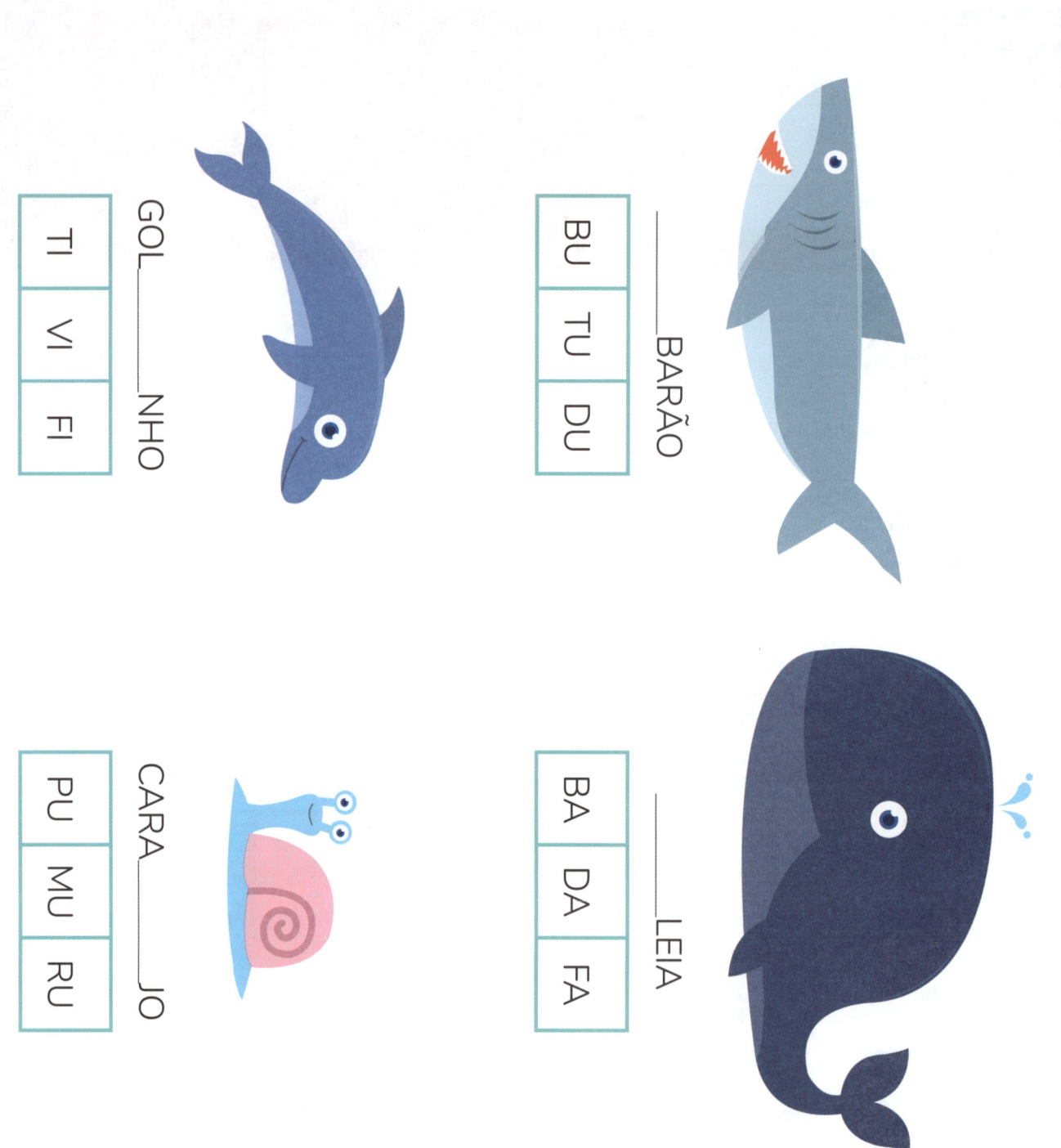

- ▼ Você conhece esses animais?
- ▼ Onde eles vivem?
- ▼ Pinte o quadrinho com a sílaba que completa o nome dos animais marinhos. Depois, copie-a para completar a palavra.
- ▼ Você já foi a um aquário?
- ▼ Já viu algum desses animais? Onde?

30

VOCÊ É O ARTISTA!

Pinte os espaços com as cores indicadas.

▶ Que animal você descobriu? Copie as sílabas e escreva o nome dele.

31

CLAUDIA MARIANNO

DESVENDE O ENIGMA

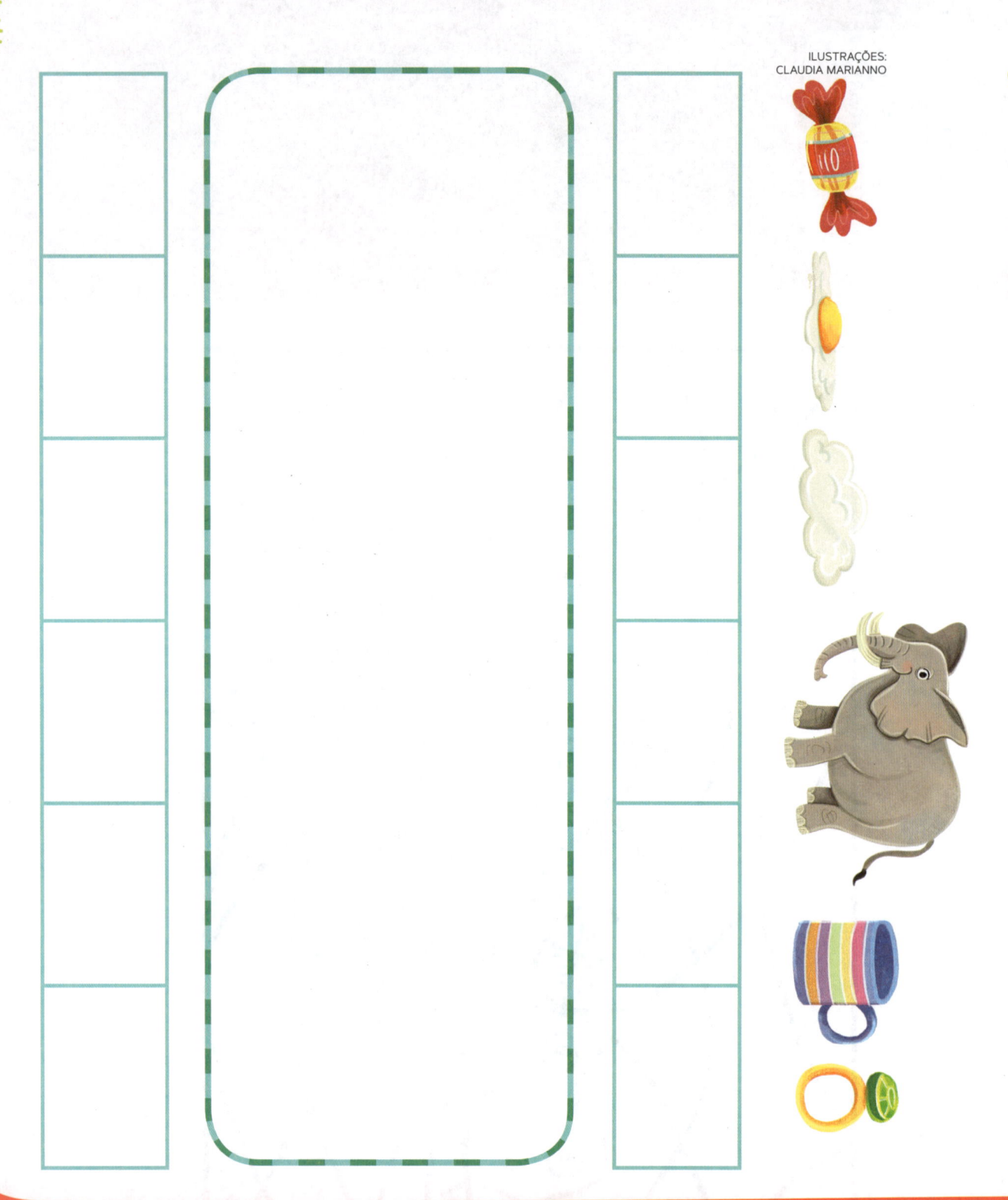

ILUSTRAÇÕES: CLAUDIA MARIANNO

- Descubra a palavra escondida escrevendo nos quadrinhos a primeira letra do nome de cada imagem.
- ◀ Que palavra você descobriu?
- Crie um enigma. Desenhe a legenda e troque de livro com um colega.
- ◀ Ele conseguiu desvendar seu enigma?

Mitanga

EM FAMÍLIA

2
EDUCAÇÃO INFANTIL

Editora do Brasil

APRESENTAÇÃO

É preciso uma aldeia para se educar uma criança.

Provérbio africano.

A educação de uma criança é um processo que envolve a família, a escola e toda a sociedade. Trata-se de uma responsabilidade compartilhada por todos nós.

Sabemos que na primeira infância, período que vai do nascimento até os 6 anos de idade, é construído o alicerce para a vida adulta.

Aos pais e demais cuidadores da criança, impõe-se a difícil tarefa de fazer escolhas ao longo desse processo de desenvolvimento, as quais precisam estar permeadas de responsabilidade, amor, criatividade e uma pitada de bom humor.

Buscando fortalecer a parceria entre escola e família, a Coleção Mitanga oferece o *Mitanga em família*, um caderno lúdico e, ao mesmo tempo, informativo, que busca disponibilizar aos pais e demais familiares uma aproximação de temas interessantes e atuais que estão ligados à primeira infância.

Além de textos e atividades para desenvolver com a criança, o material contém sugestões de livros, documentários, filmes e músicas. Também estão reservados, para cada tema abordado, espaços para escrever relatos, colar fotos, desenhar e pintar.

Este material é, portanto, uma obra inacabada e um convite para que os responsáveis pela criança interajam com o assunto e ajudem a construir uma agradável lembrança desta fase tão importante da vida humana.

Acompanhar o processo de desenvolvimento de uma criança é uma tarefa muito empolgante para todos que estão a seu redor. Cada criança é um ser humano único, com sua forma particular de ser e de compreender o mundo social em que vive. Esperamos que as informações e sugestões apresentadas nesta publicação sejam um instrumento de reflexão que contribua para o fortalecimento do vínculo entre pais e filhos, enriquecendo o trabalho desenvolvido no ambiente escolar.

SUMÁRIO

1. Base Nacional Comum Curricular .... **5** e **6**

2. O desenvolvimento da criança .... **7** a **10**

3. A importância do brincar .... **11** a **14**

4. Vivências com a natureza .... **15** a **18**

5. Criando brinquedos com sucata .... **19** a **23**

6. Brincadeiras musicais .... **24** a **27**

7. *Bullying* e inclusão .... **28** a **30**

Reflexão final: Para educar um filho **31**

Mensagem final dos pais **32**

1 BASE NACIONAL COMUM CURRICULAR

▶ Afinal, o que é a BNCC?

É um documento que define as aprendizagens essenciais que todos os alunos devem desenvolver ao longo das etapas e modalidades da Educação Básica, de modo que tenham assegurados seus direitos de aprendizagem e desenvolvimento, em conformidade com o que preceitua o Plano Nacional de Educação (PNE). Com a homologação desse documento, o Brasil inicia uma nova era na educação e se alinha aos melhores e mais qualificados sistemas educacionais do mundo.

A BNCC foca no desenvolvimento de **competências**, por meio da indicação clara do que os alunos devem "saber" e, sobretudo, do que devem "saber fazer" para resolver as demandas complexas da vida cotidiana, do pleno exercício da cidadania e do mundo do trabalho. Além disso, explicita seu compromisso com a **educação integral**, que visa construir processos educativos que promovam aprendizagens alinhadas às necessidades, possibilidades e aos interesses dos estudantes, bem como aos desafios da sociedade atual.

> No novo cenário mundial, reconhecer-se em seu contexto histórico e cultural, comunicar-se, ser criativo, analítico-crítico, participativo, aberto ao novo, colaborativo, resiliente, produtivo e responsável requer muito mais do que o acúmulo de informações. Requer o desenvolvimento de competências para **aprender a aprender**, saber lidar com a informação cada vez mais disponível, atuar com discernimento e responsabilidade nos contextos das culturas digitais, aplicar conhecimentos para resolver problemas, ter autonomia para tomar decisões, ser proativo para identificar os dados de uma situação e buscar soluções, conviver e aprender com as diferenças e as diversidades.
>
> BRASIL. Ministério da Educação. Secretaria da Educação. *Base Nacional Comum Curricular*. Brasília: Ministério da Educação, 2018. p. 14.

Quais são os 6 direitos de aprendizagem e desenvolvimento?

EDUCAÇÃO INFANTIL

- Conviver
- Brincar
- Participar
- Explorar
- Expressar
- Conhecer-se

5

PRINCIPAIS APRENDIZAGENS PARA A EDUCAÇÃO INFANTIL

Campo: O eu, o outro e o nós

- Respeitar e expressar sentimentos e emoções.
- Atuar em grupo e demonstrar interesse em construir novas relações, respeitando a diversidade e solidarizando-se com os outros.
- Conhecer e respeitar regras de convívio social, manifestando respeito pelo outro.

Campo: Traços, sons, cores e formas

- Discriminar os diferentes tipos de sons e ritmos e interagir com a música, percebendo-a como forma de expressão individual e coletiva.
- Expressar-se por meio das artes visuais, utilizando diferentes materiais.
- Relacionar-se com o outro empregando gestos, palavras, brincadeiras, jogos, imitações, observações e expressão corporal.

Campo: Espaços, tempos, quantidades, relações e transformações

- Identificar, nomear adequadamente e comparar as propriedades dos objetos, estabelecendo relações entre eles.
- Interagir com o meio ambiente e com fenômenos naturais ou artificiais, demonstrando curiosidade e cuidado com relação a eles.
- Utilizar vocabulário relativo às noções de grandeza (maior, menor, igual etc.), espaço (dentro e fora) e medidas (comprido, curto, grosso, fino) como meio de comunicação de suas experiências.
- Utilizar unidades de medida (dia e noite; dias, semanas, meses e ano) e noções de tempo (presente, passado e futuro; antes, agora e depois) para responder a necessidades e questões do cotidiano.
- Identificar e registrar quantidades por meio de diferentes formas de representação (contagens, desenhos, símbolos, escrita de números, organização de gráficos básicos etc.).

Campo: Corpo, gestos e movimentos

- Reconhecer a importância de ações e situações do cotidiano que contribuem para o cuidado de sua saúde e a manutenção de ambientes saudáveis.
- Apresentar autonomia nas práticas de higiene, alimentação, vestir-se e no cuidado com seu bem-estar, valorizando o próprio corpo.
- Utilizar o corpo intencionalmente (com criatividade, controle e adequação) como instrumento de interação com o outro e com o meio.
- Coordenar suas habilidades manuais.

Campo: Escuta, fala, pensamento e imaginação

- Expressar ideias, desejos e sentimentos em distintas situações de interação, por diferentes meios.
- Argumentar e relatar fatos oralmente, em sequência temporal e causal, organizando e adequando sua fala ao contexto em que é produzida.
- Ouvir, compreender, contar, recontar e criar narrativas.
- Conhecer diferentes gêneros e portadores textuais, demonstrando compreensão da função social da escrita e reconhecendo a leitura como fonte de prazer e informação.

BRASIL. Ministério da Educação. Secretaria da Educação. *Base Nacional Comum Curricular*. Brasília: Ministério da Educação, 2018. p. 52-53.

2 O DESENVOLVIMENTO DA CRIANÇA

Por volta dos 4 anos, a criança, já crescida, perde o aspecto de bebê. Correr, saltar, escalar, dançar... É uma fase de muita energia e disposição, portanto propícia para o incentivo da prática de esportes e de atividades ao ar livre.

Nessa idade, ela se relaciona bem com outras crianças, embora também goste de brincar e fantasiar sozinha. As brincadeiras que envolvem o "faz de conta" são parte de seu dia. Ela inventa histórias, desenvolve enredos e cria personagens. Nesse contexto, é possível até surgirem os amigos imaginários.

É importante que a criança seja convidada a acompanhar as atividades dos adultos, podendo participar de situações como cozinhar, plantar, arrumar a casa etc. Com o tempo, ela compreende a rotina da casa e se sente mais integrada à família.

Novos sentimentos podem aparecer, como o medo. Por isso, é importante que ela perceba que é amada e cuidada pelos adultos que a cercam.

▶ Crianças de 4 a 5 anos

Desenvolvimento esperado
- ▼ Aumentar substancialmente o vocabulário.
- ▼ Desenvolver uma imaginação muito vívida.
- ▼ Perceber bem a rotina diária.
- ▼ Pentear o cabelo.
- ▼ Falar fluentemente.
- ▼ Poder sentir os medos próprios da infância, como o medo do escuro e de monstros.
- ▼ Já conseguir expressar seus sentimentos.
- ▼ Começar a perceber o perigo.

Possibilidade de estímulos
- ▼ Pergunte como foi na escola e escute com atenção e interesse.
- ▼ Atribua responsabilidades à criança, como arrumar o quarto, ajudar a arrumar a mesa, cuidar do animal de estimação etc.
- ▼ Propicie um ambiente cultural, com idas ao cinema, teatro e museus.
- ▼ Permita a participação no preparo da refeição da família.
- ▼ Conte e escute histórias.
- ▼ Deixe alguns livros infantis sempre ao alcance da criança.
- ▼ Quando não souber responder a alguma pergunta dela, diga que não sabe. Assim, vocês podem procurar a resposta juntos.

Seu filho tem um amigo imaginário? Saiba como agir

Você já viu seu filho conversando sozinho? Quer dizer, sozinho não, com o seu amigo imaginário? Muitas vezes, essa amizade é tão rica e tão cheia de detalhes que pega a família toda de surpresa. [...]

A psicóloga da Unicamp Luciene Paulino Tognetta, especialista em Desenvolvimento Social e da Personalidade, conta que esses amigos podem surgir aos 3 anos, mas são mais comuns por volta do quarto e do quinto ano de vida da criança, quando ela está no auge do período de representação simbólica. "Nessa fase, é forte a capacidade de evocação do que não é real, da fantasia. A criança entra em constante dramatização e a brincadeira de faz de conta é parte do dia a dia", explica a especialista.

O amigo imaginário é apenas uma das formas de lidar com a realidade, e não está diretamente relacionado ao nível de criatividade e imaginação. Tampouco é verdade que filho único tem laços mais estreitos com eles. Para muitas crianças, é mais fácil usar uma boneca ou um bicho de pelúcia para entrar nesse jogo simbólico de fantasia. Algumas fingem ser outra pessoa, outras cantam. E tem aquelas que inventam um amigo só seu, com pensamentos, vontades e conselhos sob medida para atender aos anseios de seu criador.

"Pode ser uma maneira de lidar com lacunas de relacionamento, de entender seus próprios sentimentos ou uma situação que está vivenciando, por exemplo, a separação dos pais ou a mudança de escola", explica Ricardo Halpern, presidente do Departamento de Pediatria do Comportamento e Desenvolvimento da Sociedade Brasileira de Pediatria (SBP). [...]

Em geral, não há o que os pais possam temer. Uma das pesquisas apresentadas em janeiro deste ano no Congresso Anual da Sociedade Britânica de Psicologia Infantil mostrou que, para 88% dos 265 pais participantes, a presença do amigo imaginário na vida do filho não é um problema, ao contrário, pode até ajudar no processo de desenvolvimento da criança. Propiciar mais momentos de diversão e ajudar na aceitação de limites foram citados por eles como os principais benefícios dessa amizade – desde que a fantasia não se sobreponha à realidade. [...]

Se você desconfiar que essa interação passa dos limites, observe se o seu filho está se isolando, se não quer mais ir à escola, se está deixando de comer. Se ele não quiser largar o amigo de jeito nenhum, será preciso uma investigação mais aprofundada para descobrir o que há por trás dessa fuga da realidade. Em paralelo, os pais podem estimular o convívio dele com crianças de verdade. Vale fazer festas do pijama, passeios no parque e tudo que melhore o convívio social.

Na maioria dos casos, a companhia imaginária é uma fase de transição. E, enquanto ela não passa, é melhor que os pais tratem a situação com normalidade, sem dar castigo ou repreender a criança para que ela não fique insegura e recorra à mentira. Entrar na brincadeira e aceitar que, por aquele período, a sua família ganhou um novo membro é a melhor saída. [...]

BASILIO, Andressa. Seu filho tem um amigo imaginário? Saiba como agir. *Crescer*, São Paulo, 17 fev. 2014. Disponível em: https://revistacrescer.globo.com/Criancas/Comportamento/noticia/2014/02/seu-filho-tem-um-amigo-imaginario-saiba-como-agir.html. Acesso em: 12 mar. 2020.

PROPOSTAS DE ATIVIDADES

Comecei o ano assim...

Cole abaixo uma fotografia atual de seu filho.

pixeldreams.eu/Shutterstock.com

O que já sei fazer sozinho?

Escreva abaixo algumas conquistas recentes de seu filho.

3 A IMPORTÂNCIA DO BRINCAR

A Base Nacional Comum Curricular prioriza o brincar na Educação Infantil, pois entende que a criança aprende enquanto brinca.

Segundo a BNCC, brincar amplia e diversifica os conhecimentos da criança, sua imaginação, sua criatividade, suas experiências emocionais, corporais, sensoriais, expressivas, cognitivas, sociais, relacionais e o acesso a produções culturais.

Cabe aos pais e responsáveis criarem as condições necessárias para permitir o livre brincar. As crianças só precisam de espaço e tempo para que o mundo mágico da brincadeira apareça.

Se você reconhece que o dia a dia de sua família carece desses momentos, não se culpe! Existem formas de tornar a rotina mais lúdica e menos pesada. Não há uma receita única. Cada família, com sua dinâmica, pode – e deve – priorizar o brincar das crianças, preferencialmente ao ar livre.

A natureza é sem dúvida o melhor brinquedo de uma criança. É essencial que ela cresça em contato com o ambiente natural e seus elementos.

> A leitura do mundo precede a leitura da palavra.
>
> Paulo Freire

Para se inspirar

Brincando com a Turma da Mônica, de Mauricio de Sousa e Ricardo Nastari (Senac).

O livro convida a conhecer – ou relembrar – mais de 70 brincadeiras, jogos, passatempos e parlendas que deviam fazer parte do manual básico da infância feliz: alerta, pega-pega, cama de gato, mãe da rua, pique-bandeira, cabo de guerra, pular elástico, pular corda, entre tantas outras brincadeiras divertidas.

Tarja branca, de Cacau Rhoden (80 min).

As brincadeiras infantis fazem parte de nossa formação social, intelectual e afetiva. Por meio delas, socializamos, nos definimos e introjetamos muitos dos hábitos culturais da vida adulta. Todos brincamos na infância e, ao brincar, fomos livres e felizes. Mas será que ainda carregamos essa subjetividade brincante e cultura lúdica vivas dentro de nós? Será que a criança que fomos se orgulharia do adulto em que se transformou?

Você sabe qual é a importância da brincadeira na vida de seu filho? Confira abaixo 11 motivos para incentivar seu filho a brincar muito!

1. Combate a obesidade

É notória a importância do brincar para que a criança se movimente, desenvolva a motricidade e mantenha o peso regular, combatendo a obesidade e o sedentarismo. A brincadeira ao ar livre é fundamental para que a criança explore espaços maiores, mexa-se mais, experimente variações climáticas, tome sol (lembre-se sempre da proteção e dos horários adequados), entre outros benefícios. Meia hora de pega-pega, por exemplo, gasta em média 225 calorias e o mesmo tempo de amarelinha representa 135 calorias. "A convivência com a natureza reduz a obesidade, o déficit de atenção, a hiperatividade e melhora o desempenho escolar", afirma Daniel Becker, do Instituto de Pediatria da Universidade Federal do Rio de Janeiro. Além disso, ao ter contato com ela – seja em parques, praças ou praias –, seu filho cria uma conexão prazerosa com o meio ambiente e estabelece uma relação de respeito com todos os seres vivos.

2. Permite o autoconhecimento corporal

Quando o bebê bate palmas ou a criança anda de bicicleta, estão experimentando o que o corpo é capaz. "Se você permite que seu filho corra, tropece, caia e levante de novo, ele aprende sozinho sobre suas possibilidades e limitações", diz Luciane Motta, da Casa do Brincar (SP). Na brincadeira, o ser humano começa a ter consciência de si mesmo.

3. Estimula o otimismo, a cooperação e a negociação

Por que o brincar tem tanto valor, a ponto de estar previsto na Declaração Universal dos Direitos da Criança, do Unicef? Porque seus benefícios transbordam em muito o aspecto físico. É como se fosse uma característica inerente ao ser humano, defende o psiquiatra Stuart Brown, fundador do The National Institute for Play, na Califórnia (EUA). "Trata-se de uma necessidade biológica básica que ajuda a moldar o cérebro. A vantagem mais óbvia é a intensidade de prazer, algo que energiza, anima e renova o senso natural de otimismo", diz. Algumas habilidades essenciais, que serão requisitadas também no futuro, estão na brincadeira, como cita o estudo *O impacto do desenvolvimento na primeira infância sobre a aprendizagem*, do Comitê Científico do Núcleo Ciência pela Infância: "À medida que as brincadeiras se tornam mais complexas, o brincar oferece oportunidades para aprender em contextos de relações socioafetivas, onde são explorados aspectos como cooperação, autocontrole e negociação".

4. Gera resiliência

Uma das habilidades emocionais mais valorizadas hoje em dia também é desenvolvida no ato de brincar: a resiliência. Quando a criança perde no jogo ou o amigo não quer brincar da maneira como ela sugeriu, entra em cena a capacidade de lidar com a frustração, de se adaptar e se desenvolver a partir disso. Com essas experiências, ela aprende a administrar suas decepções e a enfrentar as adversidades.

5. Ensina a ter respeito

Relacionar-se com o outro é mais uma capacidade vivenciada na brincadeira. Ao interagir com os amigos, irmãos ou pais, a criança aprende a respeitar, ouvir e entender os outros e suas diferenças. Para isso, é essencial que ela possa brincar livremente, sem condições impostas por gênero. "O adulto que brincou bastante na infância é alguém aberto a mudanças, tem pensamentos mais divergentes e aceita a diferença com maior facilidade. No entanto, se uma menina só pode brincar de casinha e o menino, de carrinho, a brincadeira pode impactar para o mal", lembra Gisela Wajskop, doutora em Educação e colunista da *Crescer*.

6. Desenvolve a atenção e o autocontrole

Seja para montar um quebra-cabeça, equilibrar-se em um pé só ou empilhar uma torre com blocos, essas habilidades serão aperfeiçoadas a cada brincadeira. Sem contar que serão empregadas desde muito cedo na vida do seu filho, seja na hora de fazer uma prova ou de resolver um conflito.

7. Acaba com o tédio e a tristeza

Brincar ajuda a manter em ordem a saúde emocional – e as próprias crianças percebem esse benefício. Em um estudo realizado pela Universidade de Montreal, no Canadá, 25 meninos e meninas de 7 a 11 anos fotografaram e falaram de suas brincadeiras favoritas. Para eles, brincar é uma oportunidade de experimentar felicidade, combater o tédio, a tristeza, o medo e a solidão. "Quando pais, médicos e autoridades focam somente [o] aspecto físico da brincadeira, deixam de lado pontos benéficos para a saúde emocional e social", afirma a autora Katherine Frohlic.

8. Incentiva o trabalho em equipe

Nos jogos coletivos, como o futebol e a queimada, a capacidade de se relacionar com os demais também exige que a criança pense e aja enquanto parte integrante de um grupo. Em um mundo como o que vivemos, cada vez mais conectado, essa habilidade se faz ainda mais importante. Trabalha-se cada vez mais com projetos (desde a educação nas escolas até as grandes empresas), nos quais tudo parte de um interesse coletivo e todas as etapas são desenvolvidas em conjunto – por isso, aprender a defender um time hoje pode ter grande impacto lá na frente.

9. Instiga o raciocínio estratégico

Jogos de regra, como os de tabuleiro, põem as crianças em situações de impasse. Para solucioná-los, elas precisam raciocinar de maneira estratégica, argumentar, esperar, tomar decisões e, então, analisar os resultados. Ao solucionar problemas, elas vão tentar, errar e aprender com tudo isso – para que, na próxima rodada, possam fazer melhor, com mais repertório.

10. Promove criatividade e imaginação

Ao ler uma história, brincar de boneca ou construir um brinquedo com sucata, a criança desenvolve a imaginação. E, para isso, não precisa de muito: potes, galhos e panelas podem dar vida a tanta coisa! Foi o que mostrou uma pesquisa da RMIT University, de Melbourne, na Austrália, feita com 120 crianças de 5 a 12 anos. A conclusão é que itens como caixas e baldes incentivam mais a imaginação do que brinquedos caros. Isso porque esses materiais não induzem a uma ideia pronta.

11. Estabelece regras e limites

Brincando, a criança reconhece e respeita os limites do espaço, do outro e de si mesma. E passa a lidar com regras, aprendendo a segui-las. Se tiver abertura, ela poderá até questioná-las. Isso será fundamental para conviver em sociedade – quando se faz necessário seguir certas convenções, mas também tentar mudar o cenário para melhor, se possível.

HEYGI, Fernanda. Importância do brincar: 11 motivos para seu filho se divertir muito. *Crescer*, São Paulo, 27 mar. 2015. Disponível em: https://revistacrescer.globo.com/Brincar-e-preciso/noticia/2015/03/importancia-do-brincar-11-motivos-para-seu-filho-se-divertir-muito.html. Acesso em: 12 mar. 2020.

PROPOSTAS DE ATIVIDADES

Tempo juntos

A natureza tem o poder de tornar as crianças mais saudáveis e mais felizes. Pensando nisso, sugerimos uma atividade muito divertida para ser feita em família: acampar!

[...] acampar é uma vivência tão especial e intensa que é como se vivêssemos dois meses em dois dias. Muita coisa acontece conosco: aprendemos a reconhecer nossas possibilidades e limites, exercitando nossa autonomia e lidando com riscos.

Cooperamos e nos responsabilizamos por nós mesmos e pelo próximo. Experimentamos escutar, ceder, liderar e seguir. Percebemos que é possível viver e ser feliz com muito pouco e assim damos um passo a mais no sentido de distinguir o essencial do supérfluo.

E então, subitamente, nos pegamos gostando de aventuras ao ar livre e nos encantamos pelo imenso mundo que dividimos com tantas outras formas de vida.

Dormir sob as estrelas, conversar no escuro da barraca, sentir a proximidade da natureza, cozinhar juntos ao ar livre e conviver em família desconectados de eletrônicos são vivências inesquecíveis compartilhadas por pais, mães e filhos. [...]

FLEURY, Laís (coord.). *Acampando com crianças*. [S. l.]: Programa Criança e Natureza; Instituto Alana, 2019. p. 1-2. Disponível em: https://criancaenatureza.org.br/wp-content/uploads/2019/07/Guia-Acampando-com-Crian%C3%A7as.pdf. Acesso em: 12 mar. 2020.

Para ler e conhecer

Acampando com crianças, coordenado por Laís Fleury (Criança e Natureza e Instituto Alana).
Disponível em: https://criancaenatureza.org.br/wp-content/uploads/2019/07/Guia-Acampando-com-Crian%C3%A7as.pdf. Acesso em: 12 mar. 2020.

4 VIVÊNCIAS COM A NATUREZA

> O contato com a natureza melhora todos os marcos mais importantes de uma infância saudável – imunidade, memória, sono, capacidade de aprendizado, sociabilidade, capacidade física – e contribui significativamente para o bem-estar integral das crianças e jovens. As evidências apontam que os benefícios são mútuos: assim como as crianças e os adolescentes precisam da natureza, a natureza precisa das crianças e dos jovens.
>
> Programa Criança e Natureza

Hoje, com o excesso de tecnologias e de consumo, é muito comum que as crianças cresçam sem contato com a natureza. Isso, sem dúvida, causa prejuízo ao desenvolvimento físico e mental delas.

O distanciamento da natureza é tanto que, em 2005, no livro *The last child in the woods* ("A última criança na natureza"), Richard Louv desenvolveu um conceito para definir crianças que foram apartadas do contato com o mundo natural, que denominou "transtorno de déficit de natureza". Essas crianças podem apresentar sintomas como irritabilidade, déficit de atenção, hiperatividade, depressão, obesidade, entre outros.

Para saber mais

Criança e natureza.
Disponível em: https://criancaenatureza.org.br/. Acesso em: 26 mar. 2020.

Para ler

A última criança na natureza: resgatando nossas crianças do transtorno do déficit de natureza, de Richard Louv (Aquariana).
O livro trata do impacto negativo da falta da natureza na vida das crianças, especialmente as que vivem em ambientes urbanos.

Natureza: um ótimo remédio

Entrevista com a pediatra Evelyn Eisenstein

Pais e mães de crianças e adolescentes têm recebido receitas diferentes ao final da consulta com a pediatra Evelyn Eisenstein, no Rio de Janeiro. O papel, que tem data, CRM e carimbo, tudo dentro dos conformes, traz indicações como: "Faça uma caminhada ao ar livre, todos os dias"; "Desconecte o celular na hora das refeições".

Maluquice? Nada disso! São recomendações que constam do manual que Evelyn, que faz parte da Sociedade Brasileira de Pediatria, ajudou a elaborar, em parceria com o Grupo de Trabalho em Saúde e Natureza, do Instituto Alana. O manual visa orientar famílias, pediatras e educadores sobre a importância do convívio de crianças e adolescentes em meio à natureza para obter saúde e bem-estar. "Hoje, estamos tendo que falar sobre o óbvio: tecnologia precisa, também, de ter limites, desconectar!"

A ligação entre uma infância cada vez mais fechada entre quatro paredes e o sedentarismo, o sobrepeso e a obesidade já foi bastante estudada. Agora, começam a surgir também associações com prejuízos à saúde como hiperatividade, baixa motricidade, déficit de atenção, e até miopia... Pode nos contar mais sobre isso?

Não é uma relação direta, de causa e efeito, como ocorre com uma bactéria e uma infecção. Uma correlação multifatorial como a do cigarro e o câncer de pulmão, que demorou 50 anos para ser provada, mas já está estabelecida. Estamos falando sobre influências de um contexto social que favorece o surgimento de certos danos à saúde: cidades superpopulosas, com muito estresse à volta das crianças, poluição do ar e sonora, e poucas opções de lazer ao ar livre. Esses fatores todos levam ao confinamento. As pessoas, quando saem de casa, vão ao *shopping* ou a outros lugares fechados, onde o emparedamento segue. Mas as crianças precisam de sol na pele, para produzir vitamina D, de espaço para correr e brincar livremente, para desenvolver sua motricidade. Há estudos associando a falta de brincar com o aumento da prevalência de estresse tóxico e de transtornos comportamentais, como o de déficit de atenção e hiperatividade (TDAH) e a depressão. O contato com a natureza também propicia um relaxamento e a possibilidade de desenvolver curiosidade, criatividade, autonomia. Locais amplos exercitam os olhos a enxergar longe e perto, algo que não ocorre quando se está muitas horas somente em frente a telas e espaços fechados.

Você costuma prescrever aos seus pacientes contato com a natureza, mais vida ao ar livre. Quais são as reações quando faz isso?

Sim, faço isso o tempo todo, tenho falado, recomendado: "Dê a mão ao seu filho e vá caminhar. Aqui, no Rio de Janeiro, tem a Lagoa, o Aterro, o Jardim Botânico...". Outra coisa que recomendo é se desconectar, tanto na hora das refeições como duas ou três horas antes de ir dormir. É bom para a família. Outro dia, uma mãe me disse que na casa dela não havia mais "hora da refeição", que cada um esquentava seu prato e ficava em suas redes sociais nos *smartphones*. Isso significa que estamos perdendo convivência familiar, que não estamos nos dando a oportunidade de estar juntos para conversar com os filhos, tentar compreender o que pensam ou como se sentem. Quando digo isso, muitos se surpreendem. Acho que prefeririam que eu somente receitasse um remédio e não algo tão simples, como uma caminhada e uma boa conversa.

Indo além da responsabilidade dos pais, não haveria outros fatores que condicionam esse estilo de vida, como a escassez de oferta de praças e parques nas cidades?

Sim, concordo plenamente: Cadê as políticas públicas de prevenção? Existe uma falta de visão de futuro para determinantes sociais da saúde, não só a proteção da pessoa, a segurança mas também em relação ao lazer, à saúde mental, como diminuir o estresse, como incentivar as pessoas a praticar mais exercícios. Aí muitos vão para dentro de uma academia de ginástica, confinados, com música estridente, em vez de fazer um passeio ao ar livre. Quanto mais a sociedade estiver informada e pressionar os governos, mais chances haverá de acontecer alguma mudança.

Antigamente, as pessoas diziam "eu sou nervosa". Hoje, muitos adolescentes se apresentam dizendo que têm "ansiedade", "depressão", "síndrome do pânico". O que vem acontecendo?

Quando alguém me diz algo assim, faço uma única pergunta: Quantas horas esse adolescente dorme por dia? Crianças e adolescentes precisam entre nove e dez horas de sono diário. No mínimo, oito horas. Isso é determinante em seu comportamento, em seu bem-estar durante a fase de crescimento e desenvolvimento corporal, cerebral, emocional. A adolescência é um período de enorme energia, de criação, questionamento, de oportunidades. Esses adolescentes poderiam estar fazendo um trabalho comunitário, exercendo sua liderança ou protagonismo juvenil na música, na arte, nos esportes ou acompanhando crianças mais novas, e isso lhes daria uma outra dimensão, um outro sentido de vida. Estamos enxergando as crianças e adolescentes somente como um produto de consumo. E isso é muito grave. Por exemplo, os jardins japoneses foram criados para diminuir o estresse, para ensinar a plantar, a colher, a admirar a natureza. Assim deveriam ser as praças públicas. O que fazer se as autoridades não geram condições para tanto? Precisamos mudar nossa visão do contexto, da natureza a ser preservada à nossa volta, para nosso próprio benefício. Conheço um pai de um paciente que montou um forno de *pizza* em casa e, todo domingo, recebe os amigos adolescentes do filho para preparar e comer *pizza*. Virou um programa. É preciso fazer coisas juntos, se relacionar melhor!

NATUREZA: um ótimo remédio. *Criança e Natureza*, [s. l.], [20--?]. Disponível em: https://criancaenatureza.org.br/entrevistas/natureza-um-otimo-remedio/. Acesso em: 12 mar. 2020.

PROPOSTAS DE ATIVIDADES

Diário de acampamento

E aí, que tal reunir a família e acampar em um lugar bem bonito?

Depois, escreva abaixo um resumo da vivência com seu filho no acampamento. Algumas informações importantes para registrar: Onde fomos? O que comemos? Que animais vimos? Quais as plantas mais bonitas? Como foi a noite? Qual foi o momento mais divertido? Quais foram as maiores dificuldades? Vamos repetir o passeio?

_____
_____
_____
_____

Agora, com seu filho, faça um desenho desse momento no espaço a seguir.

5 CRIANDO BRINQUEDOS COM SUCATA

A crise mundial da poluição por plásticos é uma triste realidade. Segundo estudo lançado pelo WWF (*Relatório da Dalberg Advisors*, WWF, 2019), o volume de plástico que vaza para os oceanos todos os anos é de aproximadamente 10 milhões de toneladas. Dados do mesmo estudo indicam que quase metade de todo esse plástico é utilizada para fabricar produtos descartáveis com vida útil menor que três anos.

O Brasil produz, em média, aproximadamente 1 quilo de lixo plástico por habitante a cada semana. Nossos solos, águas doces e oceanos estão contaminados com macro, micro e nanoplásticos, que podem ser ingeridos por seres humanos e outros animais.

Repensar nossos hábitos é urgente. Você conhece a política dos **5 Rs**? Saiba mais sobre ela e considere implementá-la em sua casa!

O significado dos 5 Rs da sustentabilidade

1. Repensar

Antes de efetuar qualquer compra, reflita se é realmente necessária tal aquisição, se você não está comprando por impulso, talvez você até consiga reaproveitar algo que já possui. Avalie quais os danos este produto causa ao meio ambiente ou à sua saúde.

2. Recusar

Recuse produtos que vêm em embalagens de plástico, prefira as recicláveis como de vidro e metal ou as biodegradáveis. Utilize *ecobags* ao invés de usar a sacolinha plástica do mercado. Prefira as mercadorias de empresas que tenham compromisso com o meio ambiente.

3. Reduzir

Reduza seu consumo, o barato às vezes sai caro, por isso adquira produtos de qualidade e com maior durabilidade. Outras formas de reduzir são: preferir alimentos a granel, levando o próprio recipiente, utilizar lâmpadas LED, usar pilhas recarregáveis etc. Dessa forma, além de ter uma economia, você reduz o seu lixo.

4. Reutilizar

Dê uma nova vida para materiais que já foram utilizados. Doe roupas que você não usa mais, conserte o que estiver quebrado como eletrodomésticos e móveis. Use sua criatividade; resíduos de plásticos, papéis, metal, madeira, entre outros, podem ser utilizados no artesanato virando lindas peças de decoração.

5. Reciclar

Faça coleta seletiva na sua casa; seus resíduos serão reciclados e transformados em outros produtos. Ao reciclar, economiza-se energia, recursos naturais, [contribui-se] para a redução da poluição e [prolonga-se] a vida útil dos aterros sanitários.

CACHOEIRA, Danielle Muniz – T.M.A. Entenda o significado dos 5 Rs da sustentabilidade. *Portal HypeVerde*, [s. l.], 21 dez. 2018. Disponível em: www.hypeverde.com.br/5-rs-da-sustentabilidade/. Acesso em: 12 mar. 2020.

PROPOSTAS DE ATIVIDADES

Listamos algumas ideias bacanas para você fazer brinquedos reciclados com seu filho reutilizando material que iria para o lixo. E o mais legal de tudo é que são bem simples e fáceis de criar.

Bilboquê

Olha, que bacana fazer um bilboquê com uma simples garrafa PET e barbante! Vocês podem usar fita adesiva colorida ou tinta plástica para decorá-lo.

Fernando Favoretto

Bonecos e robôs

Os bonecos e robôs de seu filho serão agora criados e personalizados por ele. Veja esses modelos feitos com materiais reutilizados.

Binóculo

Rolinhos de papel higiênico vazios e barbante podem virar um incrível binóculo para seu filho explorar a natureza ou ainda brincar de detetive com os colegas. Uma opção simples de ser criada e diversão garantida para as crianças.

Telefone

Com caixinhas de diversos tamanhos, vocês podem montar uma infinidade de brinquedos, como esse telefone. As embalagens podem ser encapadas ou pintadas com tinta guache.

Vaivém

Mais uma ideia para reaproveitar diversas embalagens. Com garrafas PET, rolinhos de papel higiênico, fios de varal e fitas adesivas você pode um vaivém com a ajuda de seu filho. É um brinquedo antigo, mas que ainda faz sucesso entre a garotada. Convide toda a família a se movimentar abrindo e fechando os braços com ele.

Jogo "Cai, não cai"

Funciona assim: cada jogador tira uma vareta por rodada, mas não pode deixar as bolinhas de gude caírem. Aquele que deixar cair menos bolinhas de gude ganha o jogo!

Material:

- ▼ garrafa PET de 2 litros;
- ▼ palitos de churrasco;
- ▼ bolinhas de gude;
- ▼ pirógrafo (ou objeto que fure a garrafa PET).

Como fazer e como brincar

- ▼ Usando o pirógrafo, faça vários furinhos em volta da garrafa PET. Faça em fileiras horizontais para ficar mais fácil (imagem 1).

- ▼ Para montar o jogo, os palitos devem ser dispostos nos furinhos da garrafa, atravessando-a (imagem 2).

- ▼ Em seguida, coloque todas as bolinhas de gude pelo gargalo da garrafa e feche-a (imagem 3).

- ▼ Cada jogador, em sua vez, deve retirar um palito da garrafa sem deixar as bolinhas caírem.

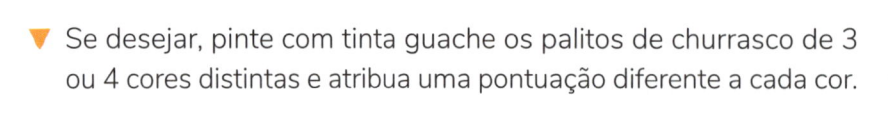

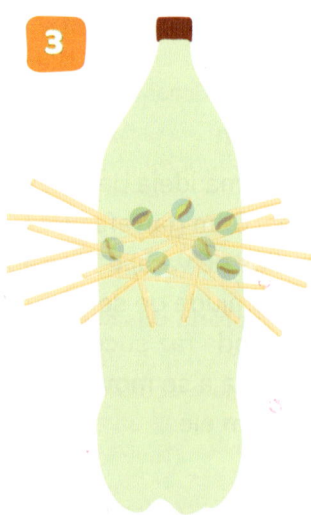

- ▼ Se desejar, pinte com tinta guache os palitos de churrasco de 3 ou 4 cores distintas e atribua uma pontuação diferente a cada cor.

- ▼ Vence o jogador que não deixar as bolinhas caírem ou deixar cair a menor quantidade.

PROPOSTAS DE ATIVIDADES

Como cuidamos do meio ambiente?

É fundamental que a educação ambiental esteja inserida no aprendizado desde a infância. Pensando nisso, responda, com a ajuda de seu filho: Como você e sua família cuidam do meio ambiente?

Escreva abaixo o que vocês já fazem ou pretendem começar a fazer para ajudar a cuidar do meio ambiente, que é de todos nós.

_____
_____
_____
_____
_____
_____
_____
_____
_____

Para saber mais

WWF-Brasil. Disponível em: www.wwf.org.br/. Acesso em: 26 mar. 2020.
O WWF-Brasil é uma organização da sociedade civil brasileira que trabalha para mudar a atual trajetória de degradação ambiental e promover um futuro em que sociedade e natureza vivam em harmonia.

A história das coisas (*The story of stuff*), de Louis Fox (21 min).
Documentário que aborda o consumo exagerado de bens materiais e comenta o impacto negativo desse consumo no meio ambiente. Disponível em: www.youtube.com/watch?v=7qFiGMSnNjw&feature=emb_logo. Acesso em: 12 mar. 2020.

6 BRINCADEIRAS MUSICAIS

As cantigas populares constituem a mais viva expressão linguística de um povo. Com suas letras simples, são modelos para as crianças em idade pré-escolar, que, de maneira prazerosa, captam a estrutura das frases e do pensamento do povo ao qual fazem parte, o que lhes propicia diversas possibilidades de expressar-se verbalmente.

É altamente recomendável que os pais desenvolvam brincadeiras musicais com seus filhos. Quando associadas a danças, jogos e brincadeiras, as cantigas populares ampliam as possibilidades de interação, diversão e vínculo afetivo com as crianças.

Para ler

Brincadeirinhas musicais, de Palavra Cantada (Melhoramentos).
De maneira lúdica, o livro mostra às crianças maneiras divertidas de brincar com músicas conhecidas do Palavra Cantada, disponíveis no DVD que acompanha o livro. De forma simples, reúne a família toda em brincadeiras que podem ser feitas na sala de casa. Além disso, o livro convida as crianças a interagir com o universo musical usando diversos instrumentos – inclusive o próprio corpo.

Para assistir

Tum Pá, de Barbatuques (MCD).
Esse DVD é uma divertida jornada musical pelos sons da música corporal, com jogos rítmicos, assobio, canto e brincadeira.

Cantigas populares para ouvir e brincar

Alecrim
Alecrim, alecrim dourado,
Que nasceu no campo
Sem ser semeado.
Foi meu amor
Que me disse assim,
Que a flor do campo é o alecrim.

A canoa virou
A canoa virou.
Foi pro fundo do mar.
Foi por causa da Maria
Que não soube remar.
Se eu fosse um peixinho
E soubesse nadar,
Eu tirava a Maria
Lá do fundo do mar.

Ciranda, cirandinha
Ciranda, cirandinha,
Vamos todos cirandar.
Vamos dar a meia-volta,
Volta e meia vamos dar.
O anel que tu me deste
Era vidro e se quebrou.
O amor que tu me tinhas
Era pouco e se acabou.

O cravo brigou com a rosa
O cravo brigou com a rosa
Debaixo de uma sacada.
O cravo saiu ferido
E a rosa, despedaçada.
O cravo ficou doente.
A rosa foi visitar.
O cravo teve um desmaio,
A rosa pôs-se a chorar.

Escravos de Jó
Escravos de Jó
Jogavam caxangá.
Tira, põe,
Deixa o Zé Pereira ficar.
Guerreiros com guerreiros
Fazem zigue-zigue-zá!
Guerreiros com guerreiros
Fazem zigue-zigue-zá!

Parlendas populares

As parlendas são versinhos com temática infantil que fazem parte do folclore brasileiro. Passadas de geração em geração, as parlendas são rimas usadas como brincadeira pelas crianças. Relembre algumas parlendas para brincar com seu filho.

Um, dois, feijão com arroz
Três, quatro, feijão no prato
Cinco, seis, falar inglês
Sete, oito, comer biscoitos
Nove, dez, comer pastéis.

O macaco foi à feira
Não sabia o que comprar.
Comprou uma cadeira
Pra comadre se sentar.
A comadre se sentou,
A cadeira esborrachou.
Coitadinha da comadre
Foi parar no corredor.

Dedo mindinho,
Seu vizinho,
Pai de todos,
Fura-bolo,
Cata-piolhos.

Hoje é domingo, pede cachimbo.
Cachimbo é de barro, bate no jarro.
O jarro é fino, bate no sino.
O sino é de ouro, bate no touro.
O touro é valente, bate na gente.
A gente é fraco, cai no buraco.
O buraco é fundo, acabou-se o mundo!

Janela, janelinha
Porta, campainha
Ding, dong.

Batatinha quando nasce,
Espalha a rama pelo chão.
Menininha quando dorme,
Põe a mão no coração.

Subi na roseira,
Quebrou um galho.
Segura, menino,
Senão eu caio.

PROPOSTAS DE ATIVIDADES

Criatividade na música

Que tal criar uma parlenda ou uma cantiga de roda com seu filho?
Escreva aqui a música ou parlenda que vocês criaram.

_____
_____
_____
_____
_____

Dançamos muito bem!

Você tem o hábito de dançar com seus filhos? Registre aqui um momento em que vocês se divertiram dançando. Pode ser uma fotografia ou um desenho.

7 BULLYING

Eis um tema "espinhoso", mas extremamente necessário de abordar com os pais: o *bullying* escolar. Trata-se de uma prática de violências físicas ou psicológicas constantes feitas por um ou mais agressores à vítima no ambiente escolar.

A expressão é originada da palavra inglesa *bully* (que em tradução livre corresponde a "brigão" ou "valentão"). Essa prática pode se apresentar em formas mais sutis, como apelidos e brincadeiras maldosas, podendo chegar a casos mais sérios, por exemplo, xingamentos e empurrões.

É apenas depois dos 3 anos de idade que as crianças desenvolvem a socialização e o senso de "outros", dando-se conta de que as pessoas ao redor não são todas iguais. Com isso, surgem os primeiros casos de discriminação, implicâncias e humilhações. O *bullying* dói, e é necessário falar sobre ele. A dor que se sente nem sempre se vê, pois ela muitas vezes é abafada e menosprezada pelos adultos cuidadores. Por isso, a parceria entre pais e professores é um fator essencial no combate e na prevenção.

É importante também identificar quem pratica a violência, para que os responsáveis sejam alertados e tomem providências, no sentido de ensinar por que esse comportamento não é bom. Especialistas ponderam que os que praticam o *bullying* são os que mais precisam de ajuda.

O que os pais podem fazer?

Se seu filho sofre *bullying*, esteja atento:

▼ Mostre que ele não está sozinho.

▼ Converse muito com a criança, demonstrando interesse por sua rotina escolar e seus sentimentos.

▼ Identifique de onde vem a agressão e as circunstâncias, buscando esclarecimentos com o professor e a direção da escola.

▼ Não coloque a responsabilidade do que está ocorrendo nele. Um dos maiores problemas da criança que sofre o *bullying* é a vergonha dos colegas e de contar aos pais. Por isso tantas crianças sofrem caladas.

▼ Instrua a criança a se afastar do agressor, mas ficar alerta e sempre denunciar essas agressões.

▼ Não estimule que ele "dê o troco", batendo no coleguinha. Isso só vai gerar mais conflito e violência.

▼ Ajude seu filho a se envolver em outras atividades que lhe interessem e reforcem sua autoestima.

▼ Considere pedir ajuda a um psicólogo.

Se seu filho pratica *bullying*, esteja atento:

▼ Escute seu filho. Quando são escutadas, as crianças podem refletir melhor sobre o que fizeram e descobrir o que poderiam ter feito em vez de humilhar ou maltratar alguém.

▼ Procure a escola para ouvir o que os profissionais têm a dizer.

▼ Exercite a empatia, fazendo com que seu filho tente se colocar no lugar do outro e imaginar o que ele sente.

▼ Esclareça a seu filho que brincadeiras que ofendem, humilham ou intimidam os outros não são brincadeiras, mas padrões de agressão.

▼ Promova o respeito dentro de casa. Ensine a seu filho que cada indivíduo tem suas particularidades e que ninguém é igual a ninguém.

▼ Avalie se o comportamento de seu filho pode ser um pedido de ajuda, um sinal de baixa autoestima ou desejo de ser escutado.

▼ Dê um voto de confiança. Onde não há perdão, não há amor, nem a possibilidade de acontecer a construção de uma boa autoestima.

▼ Considere pedir ajuda a um psicólogo.

PROPOSTAS DE ATIVIDADES

Reflexão

E vocês, pais, já enfrentaram preconceitos ou *bullying* em algum momento da infância ou até mesmo na vida adulta? Que tal conversar sobre isso com seu filho, principalmente reforçando a ele que estratégias você utilizou para lidar com a situação?

Conversem a respeito disso e escreva atitudes positivas de superação do *bullying*.

_____
_____
_____
_____
_____

Para assistir

Festa nas nuvens, produzido por Pixar (5 min).

Este curta-metragem faz uma reflexão sobre as diferenças e sobre como é possível conviver bem com elas. Disponível em: www.youtube.com/watch?v=pktG7AJRL8k (acesso em: 13 mar. 2020).

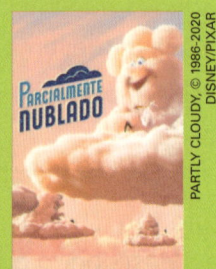

Colegas, de Marcelo Galvão (94 min).

Disposto a quebrar paradigmas, o diretor, produtor, editor e roteirista Marcelo Galvão apresenta o premiado *Colegas*, uma aventura despretensiosa, protagonizada por um trio de atores com síndrome de Down.

Extraordinário, de Stephen Chbosky (113 min).

Auggie Pullman é um garoto que nasceu com uma deformação facial, o que fez com que passasse por 27 cirurgias plásticas. Aos 10 anos, ele, pela primeira vez, frequentará uma escola regular como qualquer outra criança. Lá, precisa lidar com a sensação constante de ser sempre observado e avaliado por todos à sua volta.

REFLEXÃO FINAL: PARA EDUCAR UM FILHO

Era uma sessão de terapia. "Não tenho tempo para educar a minha filha", ela disse. Um psicanalista ortodoxo tomaria essa deixa como um caminho para a exploração do inconsciente da cliente. Ali estava um fio solto no tecido da ansiedade materna. Era só puxar um fio... Culpa. Ansiedade e culpa nos levariam para os sinistros subterrâneos da alma. Mas eu nunca fui ortodoxo. Sempre caminhei ao contrário na religião, na psicanálise, na universidade, na política, o que me tem valido não poucas complicações. O fato é que eu tenho um lado bruto, igual àquele do Analista de Bagé. Não puxei o fio solto dela. Ofereci-lhe meu próprio fio. "Eu nunca eduquei meus filhos...", eu disse. Ela fez uma pausa perplexa. Deve ter pensado: "Mas que psicanalista é esse que não educa os seus filhos?". "Nunca educou seus filhos?", perguntou. Respondi: "Não, nunca. Eu só vivi com eles". Essa memória antiga saiu da sombra quando uma jornalista, que preparava um artigo dirigido aos pais, me perguntou: "Que conselho o senhor daria aos pais?". Respondi: "Nenhum. Não dou conselhos. Apenas diria: a infância é muito curta. Muito mais cedo do que se imagina os filhos crescerão e baterão as asas. Já não nos darão ouvidos. Já não serão nossos. No curto tempo da infância há apenas uma coisa a ser feita: viver com eles, viver gostoso com eles. Sem currículo. A vida é o currículo. Vivendo juntos, pais e filhos aprendem. A coisa mais importante a ser aprendida nada tem a ver com informações. Conheço pessoas bem informadas que são idiotas perfeitos. O que se ensina é o espaço manso e curioso que é criado pela relação lúdica entre pais e filhos". Ensina-se um mundo! Vi, numa manhã de sábado, num parquinho, uma cena triste: um pai levara o filho para brincar. Com a mão esquerda empurrava o balanço. Com a mão direita segurava o jornal que estava lendo... Em poucos anos, sua mão esquerda estará vazia. Em compensação, ele terá duas mãos para segurar o jornal".

ALVES, Rubem. *Ostra feliz não faz pérola*. 2. ed. São Paulo: Planeta, 2014. p. 113-114.

MENSAGEM FINAL DOS PAIS